SV

In seinen neuen Gedichten sucht Friedrich Ani das Transzendente im Alltäglichen, die Gemeinschaft in der Einsamkeit und immer wieder die Erlösung durch Worte. Er erweist Vorbildern und Wegbegleitern die Ehre, gedenkt der Großen wie der Übersehenen. Mühelos wechselt er von der hohen Form zum Profanen, vom frei fließenden Sprachstrom zum Stakkato. Hier und da ein versteckter Reim, ein Psalm, ein Gesang und manchmal launige Verse voller Übermut. Immer nah am Menschen, nah an unserer Lebenswirklichkeit.

Friedrich Ani, geboren 1959, lebt in München. Er schreibt Romane, Gedichte, Jugendbücher, Hörspiele, Theaterstücke und Drehbücher. Sein Werk wurde mehrfach übersetzt und vielfach prämiert. Im Suhrkamp Verlag erschienen seine Gedichtbände *Im Zimmer meines Vaters* (2017) und *Die Raben von Ninive* (2020). Friedrich Ani ist Mitglied des PEN-Berlin.

Friedrich Ani
STIFT
Gedichte

Suhrkamp

Erste Auflage 2024
suhrkamp taschenbuch 5385
Originalausgabe
© Suhrkamp Verlag AG, Berlin, 2024
Alle Rechte vorbehalten.
Wir behalten uns auch eine Nutzung des Werks
für Text und Data Mining im Sinne von § 44b UrhG vor.
Umschlaggestaltung: Brian Barth
Druck und Bindung: CPI books GmbH, Leck
Printed in Germany
ISBN 978-3-518-47385-6

www.suhrkamp.de

STIFT

in den scheunen trocknet aufgehängte stille
die bären meiner träume nahmen alle bienenstöcke aus
die zeit blieb stehn in ferner zukunft
und bleibt vergangen auf der tenne hinterm haus

Jan Skácel

1
STIFT

I

Ich mag nicht, wenn man mich
was fragt. Man fragt: Wie
geht es dir? Ich sage: Ich
weiß nicht. Man fragt: Bist
du am richtigen Ort? Ich sage: Wo
ist der richtige Ort? Hier, sagt
mein Gegenüber. Ich
schweige

Schweigen mag ich. Ich
mag in der Stille
harren, und niemand, der
klopft. Ich höre mir
zu, wenn ich schweige, denn:
Ich habe viel zu
sagen im Kopf

Niemandes Bruder
Jedermanns Stift
Im Zimmer ein Klausner
Zimmerling in der Klause

Bin freiwillig hier.
Oder? Oder doch
geschickt von einer

Stimme. Einer hinterhältigen,
gemeinen, verteufelt
gefälligen. Fang nicht
an, sage ich mir, den Teufel an
die Wand zu malen. Laut
muss ich lachen: Der Teufel,
wer ist das? Herr, sag mir

die Wahrheit, ich flehe
zu dir

Stille.
Die schöner wird.
So schön.
In mir
ist der Herr, der gestürzte
Engel genauso

Woran denkst du, fragt
mich Bruder Georg. Ich mag's
nicht, wenn man mich
fragt. An nichts, sage
ich, an nichts. Und er: Das
ist gut, mein Freund, das ist
der erste Schritt

II

Vergebt der Göttin
den Himmel in Blau,
den Straßen das Vermächtnis
    der Toten,
den Glocken das Gedenken
    ans Leben. Zu
    lieben
verstehen und niemals
die Liebe und die eine
    Umarmung
des Tages, bevor die
Krallen der Nacht
nach euch greifen. Der Göttin
    vergebt,
die ihr selber seid

III

Wild wuchs
die Blume meines
Zorns, ich war erst
sieben, später zwölf,
das Dorf ein Dorn
in meinem Herz, es
donnerte dagegen
an, es galoppierte
in mir tags und in den
Träumen, mir träumte, ich
entkäme dem Gehege, und
am Morgen wär ich
wo. Wild wuchs
die Blume meines Zorns
und
ich
mit
ihr

IV

Heute habe ich versucht, eine Erklärung zu finden,
wieso meine Kindheit nicht aufhört

Ich habe verlernt, Zigaretten
zu drehen, dafür schämt
sich meine Jugend, kauernd,
kauend in der Ecke, wo
der Staub sich in Mäuse
verwandelt und die Zeit
aus Flusen besteht

So fangen Gebete an, von
Selbstmördern kurz nach
dem Aufschlag, wenn du
begreifst: Die Klippe war
nicht hoch genug und
deine Sehnsucht Selbstsucht

So rattern die Stunden
herunter, du jammerst,
gebenedeit von den heiligen
Geistern deiner krummen
Existenz, Eingeborener einer
steinernen Kammer, hörst
du denn nicht? Da ist
sonst keiner

V

Ich bin jetzt hier und
bin doch nirgends.
Ich bleib jetzt
hier und bleib doch
nirgends. Ich werd jetzt
hier sein und doch
nirgends.
Nirgends.
Bloß
hier an
diesem
keinen
Ort

VI

Ist kein Ort
Ein Stift Der
Ort ist Stift ist
Ich. Bin
Stift bin nicht ich
ist Stift
hat mein
Gesicht bin es aber
nicht werd's nie
mehr sein Stift
bleibt Stift
Seht ihr
mich
nicht
nicht
Ich bin es

Doch

VII

Jubeln will ich, will
singen und lobpreisen.
Mir fehlen die Worte.

Beweisen das Glück,
das lohe Leben.
Mir fehlen die Worte.

Hinheben will ich dich
ins gesegnete Licht.
Mir fehlen die Worte.

Nichts als Schweigen,
verhangnes Gesicht.
Mir fehlen die Worte.

Mir fehlen die Worte.
Ich werde sie finden.
Verlass mich nicht

VIII

O Herr, beten
soll ich, sagt
die Mutter, ungeniert
dich preisen und um
Vergebung ...

O Herr, auf
Wunsch der
Herrin meiner Kindheit
flehe ich zu
dir ...

Das klappt so
nicht. O

Herr, du wohnst
im Himmel ... Stimmt
das überhaupt? O

Herr,
vergib all jenen, die mit
geschliffnem Schweigen
Kindsmundsagen
schreddern, keine Silbe

ihrer Tat, kein
Gran ihres Verbrechens.

Schaffst du's,
Herr? Mutter baut

so sehr
auf dich

IX

Die wegweisenden Gespenster spenden
Segen dem Unheil, ihre
Augen verströmen Nächstenhass, und
in den Nachrichten applaudieren
Kommentatoren einer aberwitzig
korrekten Grammatik

Auf den alltäglichen Fluren: Schweigen
verpönt – was wäre auch
gewonnen, gäb kein Wort
das andere, so viel
Vergeblichkeit ertrüge kein
solches Jahrzehnt

Ich kann euch hören in
meiner Klause, wie ihr
nölt und Verdammnisse
organisiert, durch die Mauern
quillt Verrat, wabert ekelhafter
Atem. Aber: An diesen Steinen
endet eure Macht …

Nein.
Nein.

Auch ich: verstrickt in
Gegenwart, angeschlossen
ans ätherische Raunen,
verweigere Gebete,
Psalmen und Gesänge (seinem
Reichtum schadet's keinen
Deut)

Euerm Gott, dem
Milliardär, genügt die blanke
Anwesenheit, wie meinem

die pure Abwesenheit für
Gesänge, Psalmen und
Gebete –

Verratzt im Haus des Herrn

X

Wie kommt's, dass ich an meinen
Vater denke, aber nie
mit ihm gesprochen habe (außerhalb
des Schweigens), obgleich er
deutsch sprach, heißt's (flüssig
gar) von Leuten, die ihn

schlechter kannten, ihren
arabischen Hausarzt, als ich, sein
häuslicher Sohn. Wie

kommt's, dass heute
Dienstag ist, und er an einem
Dienstag
ging

Wie kommt's

XI

Nie ein Wort
Punkt
Ich betrete das
gottverlassene
Zimmer Bücher ausgestopft
mit Wörtern
Nie ein Wort
Punkt

Er sprach
doch, raunt
jemand mir
zu, doch, er
sprach, ich stand
direkt daneben

Nein
Punkt

Ich dulde solche
Widerworte
nicht Ich vergrub
mich damals wegen

ihm erschuf da
unten meine Jugend
Punkt

Punkt

XII

Aus der Stimme meiner
Mutter schält ein fernes Leben
sich in Scheiben. Und einer
wandert nachts durchs
Haus und übt sein Bleiben

Sie ahnt ihn, lässt ihn aber
unbemerkt, im Garten
muss das Laub gerecht, Stund
um Stund gewerkt, muss das
Abendlicht noch gut gefüttert
werden mit Schatten, die
unter abgefallnen Äpfeln warten

Von all dem spricht
die Mutter freudig staunend, als
färb der erste Sommer ihr
Gesicht. Und während, raunend,

schon der Herbst, maskiert
als Wind, an ihren Knochen
scheuert – sie mag das
nicht, sie hält's kaum aus, so
klein und mager wie ein
ausgezehrtes Kind –, befeuert

sie mit Worten Gottes
Garten, der ihr allein
gehört und ihr Ertrag beschert an
Früchten und an Ewigkeiten

Dies unverzagte Leben könnt Gestirne leiten

XIII

Sein Schweigen – es hallt
hier wider inmitten der
Mauern – offenbarte sich
zu jeglicher Stunde, und ich
lernte zuzuhören und zog
meine Lehren aus all
der Atemwehe

Unserm Dialog aus
eisigem Hauch fielen
tollkühne Blicke zum
Opfer, unerhörte, verwegne, von
tapsigen Wörtern aufgescheuchte
auch, das Brot, das wir
teilten, verwandeltest du
in Stein, Vater, die Probe,

auf die du mich stelltest –
welcher Not entsprang
diese Strafe, Sohn zu sein
eines Herrn ohne Himmelreich,
von welchem Berg kamst du
herab, mein Zimmer
zu zerschmettern mit einem
Streich und zu bestellen weit
vor der Zeit mein Grab?

Ich rufe zu dir,
Vater, bei Tag und im
Schlaf, ich rufe, ich
rufe, Geister räubern
meine Träume,
ich rufe: Hilf

einem Kind, auf dass es
seine Kindheit nicht
versäume, ich rufe: Siehst
du mich nicht, dich
erkennen kann ich nicht, bin,
seit ich verschwiegen
wurde, blind. Vater, wo

ist der Sohn, den
du beschwörst, Vater, wer
ist der Zögling meines
Schattens? Vater, was
hab ich getan, dass

du mich nicht erhörst? Vater,
vergib mir mein Schweigen.
Ich machte mir nichts als
deines zu eigen

XIV

Nebenan, in einer unscheinbaren
Zelle: Wir lagern Tränen
ein. Es weint voraus
der Herr die Saat, wir ernten
spät im Herbst, stehen still
beim Wenden mit der Kelle, achten
auf den angemessnen Grad

Draußen, wintersüber (allzu
viele aber auch in jedem
Monat) strecken ihr Gesicht
die Ausgedörrten und Versehrten
(stumm geschwiegen, ungehört
und ohne Wohnstatt, wo ein
Ofen wär, ein Tisch, ein
Taggericht für zwei und
mehr) unsern Händen
hin, damit wir ihre Augen
sehn: so matt vom scheuen Schauen

O Herr, dann hörst du sie
(nach Tagen oftmals
Wochen, manchmal für
Minuten) mit angefüllten
Stimmen weinen wie noch

nie, es ist, als ob ihr
Schmerz, die Kälte, das
Gestein vom Herzen her sich
groß vereinen, um in einer
Urgewalt als Strom die Welt
zu überfluten, jene
Welt, in deren Schoß seit
jeher Scham, Barmherzigkeit, die
Gnadenfrucht entbluten

(Nun brech ich auf, Oktober
ist, Schritte nahen schon
auf Kies. Keiner, den der Herr
vergisst, keine, die er
warten ließ und bleiern
trauern.)

Wir keltern Wunder hinter diesen Mauern

XV

Stell dir ein Staunen vor
vom Ölberg
sternwärts — das war
am Tag, als ich die Zeit
begriff und dass sie keine
Rücksicht nahm. Mein Herz

schlug wüst, ich rang nach
Luft, die Straße raste unter
mir, mich überkam
ein Schaudern wie in jener
Gruft mit der Statue der
heiligen Walburga

Sieben war ich, zeitleer bis
dahin. Bibiana war's, die
meine Hand losließ und
ging, dem Sturm
entgegen, dem wütenden
Schnee, und ich zählte von
eins bis zehn und zehn
Mal von vorn, und ich bat

um Beistand für sie und dass
ich sie wiederseh, doch sie kam

nicht mehr und wurde
Vergangenheit von Stund
an und auf ewig. Fortan

hauste ich, Sammler von
Wunden, wie die Sterblichen
alle, in einem Käfig
aus Stunden

XVI

Jedes Geräusch ist mir
manchmal zuwider, ich
ertrage das Kauen meiner
Brüder nicht und senke
die Lider, weil mir mein
Schauen den Kopf zementiert

Mich friert, wenn der Sommer
mit Nacktheit protzt, unser
Garten strotzt vor Grün
und Düften, fliehen
möcht ich, polwärts weiter

Von Kindheit an ersehnte
ich den vollkommenen Ort.
Ich machte mir die Nacht
zu eigen, geborgen spielte ich
Schattenhüpfen unterm Mond

Ich diene dem Herrn, weil er allein
das Wort ist, und sein Wort aus
gütigem Schweigen
besteht. So neig ich mein
Haupt, an solch göttliches
Glück hab ich schon
damals geglaubt

XVII

Geglaubt an des Vaters
mächtiges Schweigen, gütig
war's doch nicht. Geglaubt,
und schlich mich

heimlich, später, in die Stube
nebenan, hab vom Tisch, an
dem er saß, eine Handvoll
Krumen geklaubt, mich zu
ernähren, während
der fürchterlichen Erzählungen
im Schlaf. Und als

mein Leben draußen
begann, vergnügte ich
mich kaum, trieb brav in
der Menge und entschied
dann: So nicht weiter. Und
verließ den Reigen
der gewöhnlichen Stimmen,
betrat den gesegneten
Raum, empfangen von
seligem Glimmen. Ich

glaubte augenblicklich und
glaube wieder ans
Schweigen nebenan, wie
einst, und ich möchte dich
trösten, Vater, in deiner

allmächtigen Verlorenheit. Du
weinst von Anbeginn der
Zeit. Sprich doch
ein Wort, und ich eile zu
dir, und wir gesunden zu zweit

XVIII

Ein Stift auf Erden
zu sein, wen kümmert's?
Ich lerne stehn, lerne
gehn, ich übe bleiben
und verstehn, verschlimmert's
mein Hiersein, nicht Meister
zu werden? Ich bete
und hadere doch. Satt,
verzehr ich mich noch nach
keinem Gewinn. Mein Tag
beginnt im Dunkel und im
Dunkel leg ich mich
hin. Das Licht ist
nichts als des Dunkels
vergorenes Gericht. Mein

Hungern fällt nicht ins Gewicht

XIX

Ich bin Autodidakt. Das Leben
hab ich mir eigenhändig
beigebracht. Bevor ich besser
wurde, hatte Gott, der Herr, mich
ausgelacht: Großvater starb, während
ungeniert die Sonne schien am
fliedernen Himmel und das
Christkind schon zaghaft sein
Gebimmel übte, ich hört es
genau, weil ich dem Kalender
vertrau

Zweiundzwanzigster Dezember. Zwei
Nächte bis zur Heiligen
Nacht. Ich habe sie unterm
Baum verbracht, große Menschen
begruben mich unter Geschenken, an
nichts sollt ich denken, bloß
an buntes Papier, Pullover und ein
rotes Auto, ich dacht aber nicht, in meinem
Kopf hockte ein Monster
ohne Gesicht

Das war zu Gast im Zimmer, wohin
ich verbannt worden war und heute

noch bin. Zu warten auf einen
Wink des Herrn, der
sprach: Er weilt im Ewigen
Garten, getröstet bis zum Jüngsten

Tag. Ich war der nicht, der
solches glauben mag, ich glaubte
keinem Wort, dem Schweigen
schon gar nicht. Dies Schweigen,
Herr, hättst du mir nicht antun
dürfen – als ob die Engel
Flüche auf mich würfen, mich, den
ungezognen Bengel, der mit ungemeinem
Zorn die Fäustchen ballt

und tobt und gegen Türen schlägt und
Wände, meine Hände bluten, alles
still, in mir allein verhallt
mein Schrein, niemand hört's, auch
du nicht, Herr, ich war's, dein
Stift

Ich bin Autodidakt. Ich brachte
mir bei, wie Einsamsein geht, ich
übte mich ein, Jahrzehnte
seither, und es fällt mir nicht
schwer, in einem Zimmer zu

sein, worin die Erde sich
dreht und es schneit. Bis

zum Jüngsten Tag ist's längst
nicht mehr weit

XX

Welcher Weisung bin ich
gefolgt? Und sann drüber
nach, bis fast mein Herz
zerbrach: Was ist's, dem ich
mich beugte? Gewusst hätt
ich unbändig gern, weshalb
mein Vater mich zeugte, meine
Mutter gehorchte und eine Welt
mich empfing, als wär ich
zum Scheuchen entstanden, ein
Kindding, jeglichen Willens
beraubt, um mich her
die Herrscher, die Granden: von
Grund auf ertaubt

Welcher Weisung geriet
ich in die Fänge? Wessen
Feigheit trieb als Erbe mich
in lächerliche Zwänge, denen
zu entfleuchen bloß einen Fingerhut
voll Mut erfordert hätt, statt
dem: Gestammel nachts im Bett

Gebete brachen mir entzwei. Ich
tat, was mir befohlen, kindheitslang,

die Zukunft: einerlei. Das Heut hab
ich mir selbst gestohlen, du
weißt's, ich litt an
Untertanendrang

Welcher Weisung folgte ich von
dir, O Herr, ich folgte, wie
du weißt, vom ersten Tag in
meiner neuen Zeit, die alte
schlug ich tot wie einen
Wurm in einer Nacht aus Blut
und Sturm, in höchster Not entkam
ich meinem vorbestimmten Tod,
und es nahm

einer mich auf, ein Bruder, er lehrte
mich zu leben. Ich lebe, siehst
du, doch ob je ich mir
verzeih –

Sei deine Weisung dies: vergeben?

XXI

Bruder Georg fragte mich nach
den Frauen, er sagte, er liebe sie
sehr, die Eine, Bibiane, vermisse er
mehr, als er je Prior Raimondo
zu beichten sich getrau. Ich

sagte, er brauche nicht darüber
zu sprechen, heimliche Zwiesprache
mit dem Herrn wie mit einer
Frau sei dieselbe Süße zweier
Früchte, ein Ornat wie Gras und Tau

Prior Raimondo verkehrte, ich
schwör, in seiner weltlichen
Zeit (er hat's geflüstert, bedudelt
vom Wein, in einer stillen
Stund) nicht selten mit Damen
diverser Couleur und

fand nichts dabei, besudelt (sein
Wort, bezecht) den Herrn zu
preisen und das weibliche
Geschlecht, und er hauchte: Es brauche
zur Beichte keine von ihnen, es genüge,

ihm zu dienen und das
Laster sei ihnen verziehn, sie haben's,
fügte er an und hob den Humpen
entrückt, willig geglaubt und ihn im
Handumdrehen ein fünftes Mal beglückt

Im Handumdrehen, sagte Georg mit
Lachen, fünf Mal am Stück! Raimondo!
Raimondo, keine halben Sachen, der
Prior, und du? fragte Georg, erzähl
mir *dein* heimliches Glück

Ich aber schwieg. Die ich liebte und
pries, nahm mir der Herr, derselbe,
welcher mich barg in elender
Stund und mir Obdach verhieß, sie
aber stieß in schwärzesten Schlund

XXII

Am See war's, und ich brachte
den Mund nicht auf. Gehen
wollt ich und verlassen
mein Licht. Mein Stillsein

ein einziger Ausverkauf, als
hätt ich daheim ein
bessres Gesicht. Gehen
musst ich und konnt ihr
die Wahrheit nicht zeigen

Warum denn nicht? Sie
brachte mir bei zu
umarmen, und wie man
sich hält in der Nacht,

wenn's Winter ist und
das Frostfenster trüb zum
Gottserbarmen, und sie
hat vollbracht, dass

ich sag, ich hab dich
so lieb, und ich ließ sie
stehn am See und sagte mit
gedungener Stimme Auf

Wiedersehn. Und sie ging. Wandte
sich um und verschwand hinterm
Hof der Fabrik. Und ich stand,

dumm, eingeschweißt in
falsche Haut, von der
Sonne bespuckt, ein Brennen
im Genick vom

abgeknickten Schauen. Schreiend
tauchten Kinder, vertraut, ins
funkelnde Wasser, Frauen
in bunten Bikinis

rauchten und taten sonst
nichts. Und ich, geduckt, kehrte
mit zwecklosen Händen
heim zu meinen
hämischen Wänden

Heut bin ich hier und will
nicht so enden

XXIII

Vertreib in mir die Nacht.
Ich erkenne mich nicht wieder.
Vernietet meine Lider.

Die Finsternis entfacht.
Alles Feuer fortgetrieben.
Mein Herz vergisst zu lieben.

Bist du's, der mit mir haust.
Deine Stimme spaltet meine.
Du wütest, wenn ich weine.

    Verbannt in deine Faust.
    Was du hörst, Herr, ist kein Weinen.
    So klingt ein Stern aus Steinen.

Vermehr in mir die Nacht.
Ich! Und reih mich ein bei all den
Ermordeten Vasallen.

Ein Heer sind wir, die Macht.
Wir erschaffen neue Sonnen.
Dein Reich: Im Nu zerronnen.

Dein Morden endet heut.
Deine Henker Ministranten,
Die niemals Gnade kannten.

Weihrauch, Myrrhe, Gold,
Euren Untertanen abgeknöpfter Sold:

Für die Urzeit im Orkus verstreut

XXIV

Prior Raimondo
lehrte uns
Vertrauen, dem
Wort zu gehorchen,
dem gesprochnen wie
dem ungesagten aus
dem Mund des
Allmächtigen

Wir beugten
uns, bezeugten
die Güte des
Herrn, seinen
Zorn, seinen Grimm,
die Strafen, welche
er auferlegte seinen
Knechten, den
ungestümen,
den braven nicht
minder, knieten auf
steinernen Stufen,
sündige Kinder, die nach
Vergebung rufen

Prior Raimondo,
du gingst auf
Geheiß, ER kam
und nahm dich
weg, wie man ein Blatt
vom Fenster nimmt
zum bessern Schaun,
Beweis:
Kein Laut, eine fahrige
Geste, vorbei. Und
wir? Erwachten, riefen
die vertraute Litanei und
dachten, wir verlören
am Ende des Tischs
das Besteck

Deins war's. Doch du: Längst
hinaus übers Ende deines
Seins, und wir, Georg
und ich: verfluchten
das Schaun, fluchten,
verfluchten
all unser
untertäniges
Vertraun,
alles, was wir suchten,
verfluchten

wir, Georg und
ich, fluchten
achtundvierzig
Stunden unaufhörlich
unaufhörlich

Vor unsern Stimmen
fliehn Bären auf
allen vieren. Und Gott?

Lässt uns gewähren.
Gott – als würd er existieren.

XXV

Mein Haus ein
Raum. Ein Tisch
darin, ein Fenster
für den Saum
des Tags am
Nachtbeginn. Ich bin
allein, so ist's
gefügt, ich hab ein
Buch, das mir
genügt, ich lese,
dass es Leben
gibt und jemand uns
verzeiht und liebt

Ich winke manchmal,
weil ich's kann und
nicht verlernen
will, ich winke
lang, ich warte
still auf nichts als
auf die Gnade
eines gottgegebnen
Lichts

XXVI

Später schichten wir Holz
im Nebenhaus vorm
Kohleofen unsrer seligen Väter

Wintersüber frieren wir
scheußlich. Ein Leiden,
gewöhnlich und häuslich

Das Leiden treibt uns
vor die Tür, es nährt
unsre Demut. Wir danken dafür

Wir danken voll Glut.
Für jede Jahreszeit, fürs
Dasein, das Brot und das Blut

Wir beten. Wir schrein.
Manchmal lachen wir
auch, schuld ist der Wein

Wir riefen einander beim
Namen. Ich rufe
vergebens. Alle längst fern

meines Lebens. Amen

Die großen Sommer:
aus der Zeit. Vorm
Ofen kein Scheit

Ich friere. Leiden?
Mag ein Fremder
entscheiden

XXVII

An jenem Morgen auf
der Schwelle, Ende
Januar, passte Georg mich
ab auf dem Weg zur
Kapelle. Er sagte: Ich muss
mit dir reden, der Schweigzeit
zum Trotz, ich muss, denn
ich gehe noch heut
diesseits von Eden

Diesseits von Eden? fragte
ich ihn, der Schweigzeit zum
Trotz, wo liegt dieses
Land, dieser Ort, er
flüsterte: Weit
von uns weg, das Haus hier
ein Klotz, eine Festung
von Mord

Wer? Welch' Opfer? Welcher
Täter? – Der Erlöser,
Bruder, ein böser
Verräter! – Ich glaube
dir nicht. – Erlaube dir
nicht zu knien in der

Hoffnung, es wird dir
verziehn dein unreines
Hecheln, du erntest

nichts, kein einziges
Lächeln seines
Gesichts. – Du lügst. – Du
betrügst sein Herz
und – Nein! – Und
den Verstand, die Liebe

bloß geborgt vom
Herrn, er war's nicht, der dich
erschuf, seine Gnade auf
Widerruf, lauf, Bruder,
lauf, deine Hingabe ein ewiger
Ausverkauf

Er winkte. Und ging. Und
ich blieb. Und die Nacht nahm
ihn mit. Ich tat keinen
Schritt. Und ich
fror. Und keine Stimme,
keine,
die mich erkor

XXVIII

Als ich etwa sieben
war, trat ich in
die Gemeinschaft der
Siebzigjährigen ein. So

verpasste ich die Spielzeit
und die zeitlosen
Nächte. An Uhren
gekettet, erwartete ich
jeden neuen Morgen

wie den gestrigen und alle
davor. Gern, das schwöre
ich heut, wär ich ein nackter

Unhold gewesen, einer,
der tollt und sich zeigt, Schlimmes
im Schilde führt und den

Mädchen, über die Maßen
blau, das Blaue vom Himmel
einbläut, bis sie's

glauben, die Mädchen, bis
sie glauben und auf die Knie
sinken, Erlösung zu

finden, Erlösung zu spenden.

Aber ich —

Ausgestopft mit Alter,
schwankte ich durch
Nebenzimmer, sortierte weiße
Hemden, zu denen ich Krawatten
trug, polierte Schuhe, die mich
nicht drückten auf

dem Marsch von einer
Abstellkammer zur nächsten, wo ich
Gerümpel hortete: verrostete
Fahrräder, zerstochne
Luftballons, Blöcke voll
Gekritzel, einäugige
Teddybären, ausrangierte
Schlitten, so Zeug

Einmal wandte ich mich
um: Hier bin

ich, siebzig und ein
Stift geblieben

in der Gemeinschaft
meiner Zeitgenossen von
einst, sie verwesen

alle längst, im Winter
werde ich, talwärts

sausend, die Zeit
überholen

XXIX

Der Hort, den ich verließ,
dahin zurück
sehnte ich mich, wenn ich
schrie wie am Spieß, monströse
Einsamkeit hat mir's
Beten vergällt

Und ich wollte doch
dienen und Treue
üben und nie wieder
grienen im Angesicht der
Fratzen aus dem ewigen
Drüben, sie lehrten mich,
furchtsam zu sein, ein
Dasein in Reue,
gezeichnet wie Kain

Und ich diente
und las, ich vergaß
kein einziges Wort
Ich diente und schwor
am heiligen Ort Treue
dem Herrn, seinem Chor
der Gesegneten

Ich diente und sprach, wenn
Engel mir begegneten, einen
Vers aus der Schrift, sie bezirzten
mich, den irdischen
Stift, und taten mir schön

Der ich mich selbst
verwöhn, habe Engel
erfunden und andere
Wesen, hab mich geschunden,
mich blind gelesen, hab zu
singen versucht,
zu dienen,
zu frommen

Nichts hab ich dafür bekommen,
bloß die falbe Farbe meines Gesichts
und tausend Versprechen

Und draußen im Hort, in
der Welt: Millionen Verbrechen

XXX

Ich ist Eins
Ich ist Keins
Ich ist Seins

Ich ist Kind
Ich ist Wind

Ich ein Flaum
Ich ein Saum

Ich ist Wer
Ich ist sehr
Lange her

XXXI

Wir beten für die Opfer
Des Krieges
Für die Kriegsherrn
Beten wir auch

Wir beten für Menschen

Wir beten für geschundene
Kinder
Für die Schinder
Beten wir auch

Wir beten nach altem Brauch

Wir beten
Für die Hungernden
Für die Regierenden
Beten wir auch

Wir beten für Menschen

Wir beten für die Ertrunkenen
Im Meer
Für die Ertränker
Beten wir auch

Wir beten nach altem Brauch

Ich bete nicht mehr

Ich bete nicht mehr

Für die Kriegsherrn
Die Schinder
Die Regierenden
Die Ertränker

Bete ich nicht mehr

Ich habe kein Geld
Keine Macht
Ich hause in einer
Ummauerten Welt
Mein Bett überdacht
Keiner, der mich vertreibt

Für seinen Glauben entleibt
Habe sich Jesus, glaubten die Sekten
Daran glaube ich nicht
Wo immer Menschen verrecken,
Sprach das Urteil ein Menschengericht

Ich glaube nicht mehr

Ich bete nicht mehr

Meine Ohnmacht so schäbig
Mein Körper behäbig

Voller Schweigen das Heilige Buch
Jede Seite ein Leintuch,
worauf die Wörter selig ruhn

Ich bete nicht mehr
Was soll ich tun?

XXXII

Der uralte Mann, der vielleicht
fünfzig war, erzählte, er habe
geschrieben. Das war für Minuten
sein ganzer Text. Er aß seine
Suppe und schmatzte und kaute
sein Brot, derweil

bedienten wir andere Männer
und Frauen, die trieb ein
verbogenes Leben zu uns, eines
mit nichts mehr im Lot, wir fragten
nicht viel an jedem Freitag der
Woche. Dann sagte der uralte

Mann: »Es war wie verhext, grad
noch hängt mir wer einen Preis
umn Hals, Fotos wern geknipst, Damen
tummeln sich um meine
Nasn, alle sind sauber beschwipst, die
meisten absolut zu, und

SCHNIPPSALABIMM

sinds alle verschwunden im Nu, auf
der Flucht wie die Hasn vorm

Schießgewehr, schon schlimm. Und
aus und psst, kein Popanz.« Er kam

jeden Freitag und eines
Freitags nicht mehr, seinen
Namen wussten wir nicht, er
nannte sich Hans, was er trieb, blieb
uns verborgen, und wohin es ihn
zog? Vielleicht morgen tritt vor

den uralten Mann in schlichtem
Gewand ein weißer Roman und führt ihn

SCHNIPPSALABIMM

an der Hand ins gepriesene
Land, für alle Zeiten

von nun an Hansland genannt

XXXIII

Da war der Raum, da war
der Stuhl, der Tisch, Schritte,
Gesichter, kaum verändert, Speisen
wurden gereicht, Fleisch
und Fisch und vegetarisch, Worte
wehten leicht durchs
Haus, einer, der lallte, kannte
sich aus, eine, die genderte, hörte
weg, ein Gast, ganz in Schwarz,
rührte sich, wie üblich, kein
Mal vom Fleck, Gedränge
zwischen Wänden und bald, eine
Lesung, ein Zuhören
später, auf sicheren Händen
Süßes zum Dessert, Bleiben fiel
niemandem schwer –

mir aber arg in den Jahren
seither. Da ist der Tisch, der
Stuhl, Prior

Raimondo weilt hier
nicht mehr

Er gab dem Haus seinen
Segen Jahr um Jahr, und jene,
denen er im Stift seine
Nähe gewährte, einer treuen
Schar, hielten auch dort mit
ihm Schritt. Und er leerte ein
Glas und ein zweites, und wehe,
wir tranken nicht mit – zum
Dasein, sagte er dann, gehört
ein gescheites Vergnügen, alles
andere werde sich fügen

In der weltlichen Welt so
zu Haus wie in der andern.
Sein Wirken ein großes Mäandern

In der heutigen Zeit so
gewandt wie in der alten.
Sein Streben ein forsches Gestalten

Da ist der Raum, da ist
kein Stuhl, überm Tisch
ein weißes Laken, darauf,
malerisch: Käse in vielerlei
Farben, Trauben, Brezel,
Besteck, niemand muss
darben. Am Fenster, in der

Diele in Vasen Lilien: die waren
uns lange ein Rätsel – bis
Raimondo erklärte: Der Hausherr
liebte sie sehr, und wenn seine Gäste
aus Büchern lasen, genoss er
den Duft wie den feinen Likör

Raimondo ...

Und immer ist da
einer im weißen Hemd und
grauen Jackett, wie gekrümmt,
die Haare in die Stirn
gekämmt, so

einer wie keiner außer
dir, Raimondo, dein Platz
bleibt unbesetzt für
immer, die Stille hütet
dein Sprechen, du sprachst
keine Sätze mehr am
Schluss, das Zimmer entließ
dich mit einem Kuss ins
Paradies

Raimondo, Raimondo ...

Jenes Haus ohne dich ein
unter fauligem Duft begrabnes
Verlies

XXXIV

Ich hatte einen Lehrer.
Er lehrt nicht mehr.
Ich hatte einen Weg.
Er ist entwegt, ist leer

Ich hatte einen Lehrer.
Er lehrte mich sein.
Er nahm den Zorn
von meinem inneren Kain

Ich hatte einen Lehrer.
Er aß gern und trank.
Er las und schrieb, bis er
im letzten Kapitel versank

Ich nenne ihn Lehrer.
Er war doch keiner.
Er machte Notizen
am Rand unserer Tage

Wir waren Novizen,
geübte Verneiner.
Wir schwelgten in Klage.
Wir wollten es schwerer

Er war unser Lehrer.
Er lehrte uns gehen.
Barfuß schufen wir Schritte
aus lehmigem Stehen

Unentwegt ertönt unsre Bitte
durch schrundige Gassen:
Zeig uns, wohin.
Verleih unserm Straucheln Sinn. Mein

Gott, warum hast du uns verlassen?

XXXV

Keiner der ehrwürdigen
Heiligen, nicht einer
nahm Anstoß am Sterben
unseres Freundes. Tage
verbrachte er in sich
gekehrt und fern
des Lärms, ein Werben um
Stille und etwas, das sein
Leiden vermehrt

Er litt nämlich arg
an jedem einzelnen
Tag, darüber – und über
die Verbrechen
der Dämmerung – verlor
er kein Wort, und das
Schweigen schlug auf ihn
ein, Verhämmerung jede
einzelne Nacht, und
Mord, und er litt und warb
um noch mehr und wurde
erhört und zerstört, und wir
sahen's ihm an, unser
Schauen zerrann

Bruder Thomas fand ihn, schon
kalt, abends an einem
unscheinbaren Tag, er lag, unser
Freund, auf dem Boden, vereint
mit den letzten Zeugen des
Lichts, kein Heiliger bei ihm, nicht
einer, er wollt's so, er wollte
sonst nichts. So

reden wir heut,
lang noch nicht
leergeweint, wir reden wie
gewöhnliche Leute nach einem
hundsgemeinen Schicksalsschlag

Ach, Schicksal, Herr im
Himmel, du breitest, sagt der
Psalm, deine Hoheit aus, wir
rufen zu dir: Erleuchte meine
Augen, damit ich nicht
entschlafe … Ach, Schicksal, ein

Zimmer aus Schimmel, im Garten
kein Blühen, kein Halm, wo
warst du, als seine Seele
schrie, du allein hast sie
gehört und nicht erhört, du
allein, du allein, du allein

Einen Nachmittag lang lag er
in deiner Huld und
wurde kalt, und du? Nahmst
an dich sein Leiden, sein
Schweigen, seine ganze Gestalt

Und wir? Vergeben wir dir
deine Schuld?

Und wir? Wir
beweinen die verlorene
Zeit und

verbrennen unsre
Ungeduld und betteln
nicht mehr um

dein Mitleid, wir
betteln nicht mehr

Wir betteln nicht mehr

Wie du, Bruder
Oliver

XXXVI

Dreißig Jahre bestimmten Regeln
mein Tun, mein Schweigen,
mein Knien. Dreißig Jahre
in der Obhut des Herrn, seiner
Knechte und Diener, dreißig
Jahre vergingen wie eins. Mein
Tag von der Schrift nur
geliehn, dies Herz war nicht meins

Herzen schlagen wie Glocken gleichsam
im Takt. Wir singen
im Chor. Hymnen klingen
jubelnd sphärisch empor, unser
Ringen und Flehen endet
nie, wir versündigen uns am
Leben und wissen
nicht, wie, mein Schlaf Agonie

So gehorsam befolgte ich den
erhabnen Plan, so
erfüllt. Auch Raimondo
lobte oft mein Bemühn, ja, ich
wollt eines Großen Urahn
sein, eine Hoheit und kühn. Doch
was aus mir wurde,
ist dies: ein Wurm im Verlies

Winzig kroch ich den Tag hinunter,
den ersten, alle,
ein Loch meine Klause,
beten lernen war leicht, gütig
lieben am schwersten. Niemand
brachte mich wegsam nach Hause,
niemand, der Herr nicht,
der Herr verurteilte mich

Nacheinander die Liebsten nahm er
für immer fort, kein
Verzeihn, wer erhörte
in den Nächten ihr Schrein? Jesus,
rief ich, erhöre mich! Doch
Jesus versteckte sich wo

Ich verlasse dich, Herr
Ich verlasse dein Haus
Ich wende mich ab vom
Gebraus in den Wänden

Ich wende mich ab
von deinem Gesicht

Ich werde vielleicht in
der Wüste verenden

Vielleicht aber nicht

XXXVII

Bin nicht geflüchtet, bin
ich nicht, bin im Glauben
gewesen, erfüllt von
hellem Willen

War's erzwungnes Licht,
zwischen zwei Steinen im
Herzen erzeugt?

Hätt ich mich stellen
sollen den Kriegen, dem
Unbill der Menschen,
dem gefräßigen Alltag
der gierigen Stadt?

Hab ich's Leben versäumt,
weil ich diente dem einen
Herrn und seinen Gesetzen,
für den Preis kosmischer
Einzelhaft?

Einzeln sein ist kein Verdienst
Ich wollt nie anders sein

Bin ich zerschellt am
Felsen, meinem Glauben?

Abgewandt von der Menge, kehrte
ich ein in die Gemeinschaft
Gleichgestimmter, und wir
sangen und gingen einer
geregelten Arbeit nach

Was hab ich getan?
Was hab ich geschafft?
Was wird bleiben
vom Säen, Ernten und dem
Studium der Schrift?

Ich war noch Kind, als ich
zum ersten Mal die Tür
hinter mir schloss,
gebenedeit von
erhabenem Atem

Das war der meine auch
Ich wollt mich selbst erwecken
Es gelang. Und einer, den ich
noch nicht erkannte, gab mir
Beistand und blieb

War Er das? Oder
ich bloß in noch
unerlöster Gestalt?

Und wer ist's jetzt, der vom
Stift nach draußen geht zu den
stolpernden Menschen und sich
einreiht ins uralte Treiben?

Hier hat's mich nie gegeben,
obwohl ich einen Schatten
warf und manche meinen Namen
riefen, als kennten sie
mich. Sie kannten nicht

mehr als mein Gesicht und
Fetzen meiner Stimme. Ein Schaufenster

spiegelt die Umrisse
eines Reisenden. Wir winken
uns zu

XXXVIII

Bin kein Apostat,
kein Renegat.
Bin aufgebrochen
zu bleiben in der
Gegenwart eines
unverwüstlichen Gottes

War Diener.
Nicht Knecht.
Beugte das Haupt.
Nicht das Recht.

Empfing Liebe
von Brüdern. Erntete
Licht in finsterer
Stund, dankte auf
Knien und
wurde gesund.

Tauschte meine Klause
gegen ein Zimmer nach
Norden. Aus mir ist ein
Laie geworden, in
profanem Zuhause.

War doch fremd auch
dort am Anfang und
blieb's lang, nachts wurde mir
bang, tags sehnt' ich
mich fort.

Jetzt bin ich
hier, gewöhne
mich ein, was
sein wird …

Vertraust Du mir?

XXXIX

Wir kannten ihn gut, er brachte
uns Bücher aus seinem
Bestand, Stapel von
Geschichten, manche von uns
verschlangen sie nächtens, andre
beim Gehen im Garten im
Sand, und wenn Raimondo
fand, es sei rechtens, las ich
während des Essens aus einer
der Gaben Günters vor, meine
Mitbrüder lauschten gebannt,
gleich Schülern bei Cassiodor

Günter war ein einfacher
Mann, seine Frau hatte der
Allmächtige vor der
Zeit zu sich gerufen, und er
pflegte ihr Grab und wohnte
allein, seine Kinder und Enkel
besuchten ihn gern, und waren
sie fort, winkte er dem
Abendstern, Länder, Menschen
fern seiner Welt erwarteten
ihn schon auf Papier. Später
legte er Geschenke auf

unsre Stufen, formte aus
Büchern ein Spalier

Nebenher handelte er mit
Münzen und allerlei antiken
Stücken, online hielt er
Kontakt und verdiente kleines
Geld damit und freute sich
über jeden Kontrakt, den er
voll launiger Hingabe
erstritt. Günter war ein Mann mit
offnem Gesicht und geradem
Rücken, er versteckte sich
nicht hinter alltäglichem
Unfug, trat er ein in den
Diskurs, tat er's ungeniert,
pfiffig und klug

An jenem Abend im
Februar hätte er's nicht weit
gehabt ins Lokal zu den
verbliebnen Freunden am
beleuchteten Tisch, noch einmal
auf die Toilette, dort wurde
sein Atem ätherisch, aus
seinem Herzen verschwand
die Zeit, und er blieb so, die

Nacht über, schon weit aus
der Welt, frühmorgens

fand ihn eine Nachbarin, jemand
hatte eine Kerze ans Fenster
gestellt, die brannte, nie kam
heraus, wer's war, eine Gesandte
der Ewigkeit vielleicht, sie, der
keine gleicht, geleitete ihn sacht
aus dem Haus, aus der Zeit,
aus der Nacht, Gilda, seine
Frau, vielleicht

XL

Ohne Anfang und Ende, Gott, tummelst
du dich in den Bäumen,
schummelst dich in Gärten und
Wälder, lässt zu, dass Liebende
sich versäumen, saugst das
Licht aus dem Tag, weil der Winter
naht, lässt den Boden erhärten,
vernichtest Früchte und Saat, und wo
der See in friedvollem Sommer
lag, schichtest du Schnee auf
Eis und nennst es Jahreszeit und
träufelst Kindern ein Glitzern
ins Aug zum Beweis

Das Glitzern endet wie alles auf
Erden, wir enden, die Jugend,
das Alter, und du, Gott ohne
Anfang und Ende, bleibst ein ewig
kalter Verwalter. Zum Lobpreis deiner
Herrlichkeit kam ich hierher, aber
ich lobe, ich preise nicht mehr, mein
Herz ist verglimmt, ich hause in
dunkelster Stund, mein Glaube
eine große Entbehrlichkeit, du hast
mich verlassen oder ich dich, meine

Zunge ist wund und mein Ohr nimmt
den Angelus schon lang nicht mehr
wahr, weinen will ich, und
meine Augen sind leer, schreien
will ich, so, als meine Mutter mich
gebar, und meine Stimme begraben
in Teer, ich habe mein Leben
ans Schweigen vergeben

Ich will aber sprechen
Ich will aber singen
Ich will aber schreien
Ich will einer Stimme entspringen

Am Morgen ein Läuten
Am Mittag ein Läuten
Am Abend ein Läuten
Es soll mir bedeuten:

Seht, ein Mensch, und ich bin gemeint
Ich bin's, vereint
mit mir selbst, und nichts ist vergebens

Ich bin ein Novize des Lebens

Und werde nie jemand anderes sein

Frei bin ich, frei zum Gedeihn

XLI

Ich fragte den Abt nach
dem Schutz des geborenen
Lebens
Er sagte, es sei heilig

Ich fragte den Abt nach
dem Schutz des geborenen
Lebens
Er sagte, es sei heilig

Ich fragte den Abt nach
dem Schutz des geborenen
Lebens
Er sagte, es sei heilig

Ich fragte
Er sagte
Ich fragte
Er sagte, heilig heilig heilig

Das ungeborene Leben sei
heilig,
sagte der Abt

Ich fragte, das geborene
nicht?
Er sagte, wir heißen Kinder
Gottes, und wir sind es

Ich sagte, die geborenen
Kinder sind heilig
Er sagte, die ungeborenen
nicht minder, der Drache
habe keine Macht
über sie

Ich sagte, der Drache wohnt
oft und zu oft im eigenen
Haus
Er lachte und sagte:

Der Drache wurde gestürzt
und hinabgeworfen mitsamt
seinen Engeln

Ja, erwiderte ich, hinab
auf die Erde mitten unter
die Menschen bis heut

Da lachte der Abt
erneut und hob den
Schlitten hoch, denn

er war auf dem Weg zur
Rodelpiste, und
sagte, auch mit ihm gehe es

gleich hinab, aber nicht,
sagte er lachend, in einen
See aus brennendem
Schwefel, und er strich

mir über die Wange, wie
er's mit Kindern tat, und
ich sagte, der Schutz

des geborenen Lebens ist
heilig
heilig
heilig,
und er antwortete:

Amen

XLII

Ich fürchte mich arg.
Von einer Anhöhe aus
schau ich ins Tal,
wo ich meine Schatten verbarg
und mein Zweifeln ein ums andre Mal.
Dann verließ ich das geweihte Haus

Ich fürchte mich arg.
Keine Konfess, keine Weihe,
ich leb in der Stadt
unter Menschen, fügsam und karg,
einer von ihnen, ein Laie,
der grad so sein Auskommen hat

Ich fürchte mich arg.
Nicht vor Gott, den ich verstieß,
einer weniger kratzt ihn nicht.
So oft ich einst die Liebe pries –
so viel Verrat im Menschengesicht.
Ich fürchte mich arg

Ich fürchte mich vor ihm und ihr,
und das darf nicht sein.
Ich bin in einem Gehege,
ihr Menschen, welch Tier

seid ihr und werft den ersten Stein,
eure Fährten vergiftete Wege

Ich folge euch nicht und muss.
Ihr seid alles, was mir bleibt.
Hinter Mauern hab ich gehaust
und vergessen, was die Gegenwart treibt.
Ich nähere mich, obwohl mir graust.
Ich darf mich nicht fürchten vor euerm Kuss

XLIII

Allmählich gewöhn ich mich
ein, behutsam, erledige
meinen Job in der Küche, lerne
kennen Männer und Frauen mit
unbändigen Sprachen, wir
fuchteln mit den Händen und
verziehn das Gesicht, und
manchmal, ausgelaugt
und krumm nach der
Schicht, lassen wir die
vertrauten Gerüche in unsern
Klamotten zurück im Spind,
klauben Kleingeld zusammen und sind
zehn Minuten später im Blauen
Fasan und trinken und stottern
und buddeln nach Wörtern, die alle
kapieren

Wir prosten uns zu, was
soll schon passieren, Gott, ruft einer
im Suff, wacht über uns allen, und
alle lallen im Rund, ich halt meinen
Rand am nächsten Tag im
Kabuff, wo wir am Kaffee nippen,
bevor wir uns die Dinge

krallen, die wir brauchen, noch
ein Stoß in die Rippen statt zwecklos

Worte zu hauchen, allmählich
gewöhn ich mich ein, wie die
anderen auch, so muss es
sein, wir leben zum Gebrauch

XLIV

Heute habe ich versucht, eine Erklärung zu finden,
wieso mir meine Kindheit ins
Alter grätscht, sie war vorüber,
bevor ich begriff, dass ich Kind
war und zeitlos. Als ich erkannte,
ich bin Kind, und die Großen
rufen Gideon, und ich bin
gemeint, war's schon zu
spät für jede Umkehr. Heut
aber stapfe ich als kleiner
Gideon durch den Schnee meiner
Erinnerung und schlottere vor
mich hin. Nicht schlimm, sage ich
mir, geht vorbei wie die Jahreszeit, die
Zeit, ist alles bald
gewesen, bitte noch einen Gin

Gideon – nur die Verräter
nannten mich so, solche, denen
die Zeit nicht heilig war, greise
Väter mit kindlichen
Gesichtern, kaum älter als
ich, aber schon gesegnet von
eigener Hand, von tausend
Lichtern umgeben, tanzen sie

in die Nacht, ein mickriges
Herz ihr Unterpfand, sterben

wirst du, rufen sie mir
zu, schon morgen vielleicht,
und hast du aus makabrem
Grund das Alter erreicht, wirst
du leiden zu jeder Stund und
verfluchen, geboren zu sein, niemals
wirst du auferstehn, es lohnt nicht, Gott
zu suchen, da ist nichts, die Zeit
ist der Schatten des Jüngsten
Gerichts, und dieses Gericht

bist du selbst, Gideon

So nennen sie
dich, deine muffigen
Väter, sie wissen
Bescheid, du warst niemals
Kind, bloß klein, deine
Haut so rein, deine Äuglein so
blind, vergiss, wer du warst, was
du sahst, vergiss, durchs marmorne
Dunkel, du wirst's noch

begreifen, geht einmal ein
Riss, darin erscheinst
du und bist, darfst
wachsen und reifen und
vagabundieren, dich beim
Spielen verlieren, was immer,
doch du

Du hast nicht gespielt
Du wolltest es so
Keiner zwang dich ins Zimmer
Das hast du falsch gefühlt
Du wolltest es so

Ich wollte zu wenig
Ich wollte oft nichts
War ein nackter König
Mit der Macht eines Wichts

Ich legte meinen Namen ab
Mit über dreißig
Heiliges Werkeln hielt mich auf Trab
Man nannte mich fleißig

Heute habe ich versucht, eine Erklärung zu finden,
wieso ich als Kind Fensterrahmen
putzen musste, Türrahmen und

Heizkörpergerippe, an Sommertagen
in Ferienwochen und wann immer der
Auftrag erfolgte. Ich folgte.
Und verstehe nicht, wieso.
Ich folgte

Lange her und bin jetzt alt.
Zum Jungsein fehlte mir Gewalt.
Mittelalt, ein Bruder in Klausur,
folgte ich einer irrigen Spur

Jetzt stehe ich hier, und die Zeit
beginnt, wann ich will
Ich hause in Heimeligkeit
In mir ist's himmlisch still

Ich wüte nicht mehr
Ich liebe
Ich frage nicht, wer
wär ich lieber
Ich liebe

Ich liebe
lieber

XLV

Fern vom Stift ist keine Gegend.
Schreibend erfinde ich die Stadt,
Nachbarn, schneebedeckte
Dächer, Stimmen im
Hinterhof und eine Bar, in der
Liebende geboren werden

Nachts erfinde ich
das Beten, um es am Morgen
zu verwerfen, nur meine
Tränen bewahre ich auf, mit
ihnen buchstabiere ich
mein Schweigen

Im Stift ruht meine Seele

# 2
DAS BIEST NEBENAN

STADTCAFÉ

Am letzten Julitag stromern
Stimmen ausgerechnet
in die Gedichte, die mich
selig beschweigen am
schattigen Tisch unter der
eisernen, dachhohen
Laterne. Da oben, da

hin huschen gleich
die Verse, bis wir weg
sind, die Stimmen und
ich, ihr Beifang,
und die Mäuse wieder
die Stille verteilen über
den Hof, wie jede
Nacht, für die
Gedichte, die noch

ohne Verse sind, doch
schon von ungeformtem
Schweigen voll im gelben
Schein der mondigen
Lampe. Am ersten
August erliest sie einer
gegen den Schwarm

kreischender Silben und
gibt den Mäusen
heimlich ein Zeichen
zum Angriff

DER ÜBERLEBENDE

> *Aber Jakob ist immer quer über die Gleise gegangen.*
> Uwe Johnson, *Mutmaßungen über Jakob*

Aber er ist nie über die Gleise gegangen.
Er schaute nach Norden, der ortlose Mann. Da
war das Moor und der ausgestorbene Bahnhof davor. Er
lebte allein seit Vaters Tod, winters, zum Wärmen,
betete er eine Wand an, nicht lang, denn beten
war ihm zuwider. Er blieb lieber still und stellte
sich vor, ein Meer wär im Norden und nirgendwo Moor

Aber über die Gleise? Er traute sich nicht, sagten
die Leute, dieselben, die's selber nicht wagten.
Herausgeputzt wie einer im Sonntagsstaat, die
Schuhe gewienert, der Anzug akkurat, rasiert und
umwölkt von geschmeidigem Duft, trat er bei Nacht
an die Luft: Was der Mond wohl treibt und die
Sterne. Ihm träumte, dass jemand ihm winkt aus der Ferne

Wer denn? Niemand kennt ihn, sein Name gehörte einem
Fremden. Dieser Traum hat sich zu ihm verirrt, passiert, er
kapiert's, in der Finsternis, die er gebiert im Schlaf. Er
   schreckt
dann auf, sucht bei seinen Hemden nach dem hellsten,
   kleidet

sich geschwind und ist schon auf der Schwelle,
  schwankt,
gezaust vom bissigen Wind. Der Türrahmen hält ihn.
  Gleich
macht er kehrt und schließt die Tür und flüstert:
  Amen

Über die Gleise ist er nie gegangen

Noch einmal, neulich, hatschte er gebeugt durchs
Dorf, später hat's ein Kind bezeugt, trug den vom
  Hausstaub imprägnierten Umhang, rang nach
  Atem, wie erschöpft
von der Walz. Da war das Moor, da waren er und sein
  vergammelter
Schatten davor. Ein Meer vermisste er nicht mehr,
  auch nicht den
Klang der Lokomotive und die eine Umarmung
  damals, als
er ausstieg und sein Vater ihm winkte

FRIEDHOF, KOCHEL AM SEE

Die Toten baden unter blauem Himmel.
Lautlos gleiten sie zum Horizont,
als wäre alle Erde Meer.
Und wir? Warten duldsam und
geübt auf die Rückkehr unsrer
Ahnen, auf die Sagen ihres Ausflugs

UNTERTAGS

Untertags verstreicht die Zeit gemach.
Jede Stunde, scheint's, ein Weltertrag.
Und jeder Blick wie endlos. Ach.
Am Abend war's ein Wimpernschlag

NACHDEM LILI STUMMVOLL IHRE KATZEN VON DER BRÜCKE GEWORFEN HAT

Ich möcht so gern der Rhein sein
Ich möcht so gern gemein sein
mit den Steinen, mit den Wellen
Ich möcht so gern vereint sein
mit den Ufern, mit den Quellen
Ich werde nun verschwinden
mit den Wolken, mit den Winden
Ich werde meins am Grund verweben
mit euern seidnen, ausgeworfnen Leben

IM WINTER

Der eingeschwärzte Wind
huscht hin
zum Abendschlund, an dessen
Rand wir hundhaft
kauern. Du Nacht, du
duckst uns winterslang wie
ungebetne Gäste

MORDVERSUCH

Tonleitern, ewig,
auf der Querflöte
nebenan. Versagerin,
Wand

RÄTSEL ÜBER RÄTSEL

Der Mensch hat Gicht
Das Meer hat Gischt
Warum ich saufe
Weiß ich nischt

LANGES LEBEN

Mein langes Leben.
Heute seh ich den
Anfang, das Ende
noch nicht. Immer
wird es ein Anfang
sein, den ich seh, am
Ende einer aus
Staunen

NACH DEM VERLUST

Der Vertreibung, sagt das maulende
Organ hinterm Palisadenzaun deiner
Gedanken, hast du selber zugestimmt; diese
Stimme schwafelt seit ihrer Scheidung
vom gottbefohlenen Schweigen; hör
nicht auf sie, hör nicht auf etwas, das sich
nie zeigt, Raunen ist das Privileg
von Mönchen und anderen Mauernbeschwörern

Solche Vertreibung, mein Freund, geschieht
ohne wütendes Zutun, wir sind
Vertriebene seit je, das Paradies ein
unzugänglicher Traum, wir türmen Schlaf
auf Schlaf und klettern höher, wie
einst auf verführerische Bäume, und
staunen, gebettet in Unschuld, wie wenig
auf uns wartet, Regen, manchmal ein Blick

Der uns ansieht, ist der unsichtbare
Händler, ein Nachfahr jener, die unsre
Ahnen in der Finsternis riefen, wenn
abermals einen der Ihren ein Stein erschlug,
eine der Ihren den Fötus verlor, kaum dass
sein Herz zu schlagen lernte; sie brauchten
dann Trost und gruben ihre Nägel ins
Fleisch der Nacht und wurden selten satt

Er handelt, glaubten wir, du, die Deinen,
ich und alle, mit keuscher Zeit; mit Diebesgut
handelt er, abgeluchst Millionen von
Generationen, wir erwarben's im Glauben, es
wär ein unendliches Heim und wir die
Besitzer erhabener Seelen oder wenigstens
anwesender Körper, geformt für Umarmungen,
Hüter deiner Nähe und der von uns allen

Vorbei. Und ihr tragt keine Schuld, die
Deinen und du. Keine Schuldigen bleiben
zurück. Der Schmerz ein Geschenk, das,
enthüllt, die ewige Gabe enthält, zu
lieben über allen Abschied hinweg; Liebe,
erinnere dich, war die Frucht des Vermissens,
die du nach Hause brachtest als im Garten
verschollenes Kind. Sieh deine Tochter, wie

sie tollt im Geäst, such nicht länger nach ihr

ROBOTER

Ich gehe in den Supermarkt.
Geh du in den Supermarkt.
Wer spricht? Wer geht?
Ich bin das enteignete Ich.
Mich bestimmen Gesetze einer irren Logik.
Ich gehe in den Supermarkt.
Ich gehe, ging und war gegangen.
Heute gehe ich nicht in den Supermarkt.
Die Regierung erlaubt gehen.
Die Regierung erlaubt Supermarkt.
Die Regierung erlaubt Friseur.
Ich werde zum Friseur gehen.
Ich werde zum Friseur gegangen sein.
Ich werde kein Anderer werden.
Die Anderen sind Ich.
Der Supermarkt bleibt Supermarkt.
An der Kasse sitzt die Gesundheitsministerin.
Es ist immer dieselbe.
Sie spricht gebrochen Deutsch.
Sie spricht perfektes Serbokroatisch.
Sie spricht.
Ich spreche nicht.
Ich gehe in den Supermarkt
und wieder hinaus
in die unsichtbare Luft.

Im Unsichtbaren hockt der Tod.
Ich gehe in den Supermarkt.
Die Spreewaldgurken sind aus

HEUTE

Heute hatte ich viele Gedanken. Ich
erinnere mich an keinen
einzigen. Auch, wo der Tag
geblieben ist, weiß ich nicht
mehr. Später werde
ich geträumt haben

DAS JAHR NACH F.

Die guten Nachrichten gelten nicht mehr.
Niemand grüßt mehr zweifach, und was in
manchen Büchern steht, willst du nicht
wissen. Vor lauter Viren
vermissen Autoren jetzt schon die
Geselligkeit, stell dir vor, und im
Fernsehen findet Tag und Nacht
Wahlkampf statt. Sogar die Meisen
auf meinem Balkon versprühen
eine gewisse Nervosität beim
Anblick der Körner, die ich wahllos
verstreue, ihren Hunger zu
stillen oder mich zu preisen als
achtsames Säugetier. Du siehst: gefeit
sein gegen die Unkunst des schönen
Erscheinens ist schwer. Ein Jahr
vergangen. Am Tag deines Todes
erblickte die Frau, bei der ich
aufwuchs, das Erdenlicht, bloß
einhundertneunzehn Jahre vorher. Eine
Nachricht, nicht schlecht, nicht
gut genug für ein Buch, das eh aus
Kauderwelsch bestünde ohne deinen
Bleistift. Also, mein Zimmer und
ich, wir grüßen dich vierfach, nimm

Platz, der Weißwein ist gleich
kalt, aber nicht allzu kalt

BIS ZUM RAND

In den stillen Zimmern sind die
stillen Menschen für den Abend
schon bereit. Sie warten geduldig bei
einer Schnitte Brot mit Butter, trinken
Wasser aus der Leitung und sehen
zum Fenster, vor dem, wie gestern,
eine Amsel peste, dieses Mal
von Ost nach West, als hing' ein
fettes, rotes Korn am Himmel, Speisung
für die Nacht, das schrecklich
undurchdringliche Gehege. Derweil
die stillen Menschen. Wandern, wie
gewohnt, an den Wänden lang, ihre
Schritte sind gezählt, nur hin und wieder
tröpfeln ihre Blicke auf die nackten
Füße. Dann halten sie kurz inne im
Gedenken an die Flügel, mit denen sie
der Schwerkraft trotzten – damals
in der schrecklich schnellen Zeit –,
gierig nach der Gunst der Sonne. Gnädig
lächelnd huscht die Nacht vorbei. Sie
gehen. Gehen bis zum Rand

EIN ABEND

Du kamst, um dein Fahrrad
zu holen, das seit Tagen unten
auf der Straße stand. Wir tranken
Bier und Eierlikör mit
Orangengeschmack. Als du
nach Hause fuhrst,

räumte ich die leeren Gläser
nicht gleich weg, so lange, bis
wir telefoniert hatten und ich
wieder
vollständig
allein war

MEINE GENERATION

Von den Schreibern meiner
Generation kenne
ich zwei oder drei, vier
oder sieben von Begegnungen
auf Bühnen unserer Zunft. Da
lesen und antworten wir, hinterher
trinken wir und sprechen vor
uns hin, oft kommt die Rede
auf Kritiker, was mich sehr
interessiert

Von den Kritikern kenne
ich zwei oder drei, früher
näher, mein Schreiben
entsteht, vergeht, entsteht
vielleicht erneut, auf den
Bühnen wird gesprochen,
gelesen, hinterher Bier. Neulich

grüßten wir uns wieder, wir
alle drei oder sieben, unsere
Bücher aufgereiht auf
Stehtischen, mit dem Stift
in der Hand warteten wir
auf Kommentare und ein
angemessenes Blitzlicht. Im

Hotel, im Doppelzimmer zur
Einzelnutzung, sah ich aus
dem Fenster, eine Stunde
ungefähr, gedämpfte Schritte im
Flur, später Stille, bis auf das
dezente Brummen der
Klimaanlage. Ich ließ sie
an, aus Gewohnheit und

weil ich mich fürcht

PASTORALE

(von William Carlos Williams)

Als ich jünger war,
stand für mich fest:
Ich muss was aus mir machen.
Älter jetzt,
gehe ich, die Häuser der Ärmsten
bewundernd, durch Seitenstraßen:
das Dach ganz schief,
die Höfe vollgestopft
mit altem Hühnerdraht, Asche,
missratenen Möbeln;
die Zäune und Plumpsklos
aus Resten von Fässern
und Kisten – all das,
falls ich Glück habe,
blaugrün beschmiert,
was, ordentlich verwittert,
mir von allen Farben
am besten gefällt.

   Niemand
wird glauben, von welch ungeheurer
Bedeutung für die Nation dies ist

ZWEI GEDICHTE

Zwei Gedichte von Dobler
gelesen – der Abend
gerettet. Zugegeben:
Nebenher lief
Hard Rain auf
Vinyl, nicht das Schlechteste am
Ende eines vollkommen aus
dem Schotter geschlitterten
Tages. Aber es geht nicht um
Details. Es geht darum, dass
was passiert, und
manchmal ist's der
Alte aus Minnesota, und mit
Dobler im Einklang – was soll
dann noch schiefgehen die
verfickte lange Nacht

WIE ÜBLICH

Vieles klappt heute nicht. Ich
besuchte meine Freundin, sie war
beschäftigt, einer ihrer Liebhaber
hatte Einlass begehrt, und sie ließ
ihn ein, und ich wartete
gegenüber
im Café, wo ich immer warte

Vieles klappt heute nicht. Ich
lud sie ein auf ein Bier, wir
tranken jeder drei, sie fragte, ob
ich sie begleiten wolle, wollte
ich nicht, wollte allein
sein, aber mit jemand
dabei, nicht mit ihr, auf
keinen Fall mit ihr

Vieles klappt heute nicht. Ich
lauf im Zimmer quer, der
Fernseher ist an, ich schau
nicht hin, in meinem Kopf wuseln
Bilder genug, eine schlimm nackte
Frau, ein schlimm nackter
Kerl, in ihr, und ich im
Café gegenüber, wie

üblich. Klappt doch
eigentlich alles

DEN SCHREIBENDEN

Die Würde des Wortes
ist unantastbar. Mit Füßen
getreten, wehren sich
die Wörter gegen Willkür,
Wahn und Niedertracht. Uns
ihrer würdig zu erweisen, darf
niemals Schweigen sein und niemals
eitles Buchstabieren

MEINEM KIND

Im Schlaf
streife ich an Regalen
entlang in verspiegelten
Kellern, Alben voller
Welt und Wesen
ungeheuren Alters und
Aussehens und sinistrer
Ahnen, welche

Abertrillionen Augenblicke vor
der Erfindung des Buchdrucks und
der Eisenbahn, der Fotografie
und des Automobils, der
Luftschifffahrt und des Computers

alles Sichtbare durchdrungen
haben mussten und das Dunkel eines
in der Faust eingeschlossenen
Universums

Im Schlaf
irre ich durch labyrinthische
Archive auf der Suche nach
dem Ursprung des Lichts in
deinen Augen

JETZT

Tänzelnde Schatten
rauben der Hauswand
ihr Lichtgesicht, gegen
Abend, zum Fiepen der
Meisenjungen. Sosehr
die Sonne sich auch
streckt, dieser Tag
erlischt. Doch noch
nicht jetzt

FÜR EINANDER

Die Tage, wie sie sich
mühen, mir zu gefallen. Auch
ich koste die Stunden
tätig aus, von sechs Uhr
früh bis mindestens elf. Dann

schaue ich mich
um. Und wenn ich mich wieder
umschaue, ist es morgen
geworden. Die Nacht
winkt, und ich nicke ihr
unmerklich zu. Wir
verstehen uns, das Vergehen
und ich

TIERGETU

Das mir vertraute
Eichhörnchen schaut
durch die geöffnete
Balkontür ins Zimmer, Skepsis
im Blick und
Enttäuschung – der
Teller, auf den ich morgens
zu den Pinienkernen
die Walnüsse lege,
leer,
ich eile, welche
zu holen, bei meiner
Rückkehr Stille
und Abwesenheit.
Im Geäst
grinst
eine Meise

BESTIMMUNG

Wo werdet ihr sein, hienieden
im Licht oder droben im
Urlicht eines unvergleichlichen
Sonntags? Wo, ihr alle,
die ihr Freunde hättet sein
können von Beginn an
unterm Felsen, dem
Dunkelspender meiner
Geburt? Wo? Ich suchte
so sehr, wissend, die
Zeit reicht nicht fürs
Suchen, für ein mit
Freundschaft ausstaffiertes,
einen Tag länger
andauerndes Leben

AUTOBIOGRAFIE

Ich war in einem Dorf
südlich des Nordpols.
Ich ging die Bahnhofstraße
nach Osten, nach
Westen, wegen der
Abwechslung. Mir schien,
dass, seit ich geboren
war, das Dorf einen
raffinierteren Sommer
erschaffen hatte – mit
Röntgengeranien,
grünglotzenden
Kastanien, hauchdünnen
Agenten, die mich in der
schlagartig entvölkerten
Bahnhofstraße beschatteten
und später am See, wo mich
der gehässige Blick eines
Schwans umkreiste, wie
damals mit elf, Ausgeburt
der Ahnungslosigkeit

Erst, als mir die Flucht
gelang, verstand ich den
Segen wahrer Stille und

der Abwesenheit
vergifteter
Jahreszeitenverwalter

Ich weiß, das alles
ist sinnlos. Den Augen
der frühen Jahre entkommt
keiner, nirgendwo, auch
nicht am Nordpol, keiner
wie ich

GROSSE DINGE

Ich geh wo
hin. Ich hab auch
große Dinge
vor, im Sitzen
breit ich sie
aus, wer staunt, sind
Amsel, Fink und
Taube. Aber Tauben
staunen nicht, schon
klar, sie hauen die
Körner von wem andern
in sich rein und hauen
ab. Ich bleib. Geh
wo hin heut.
Wahrscheinlich. Ist
noch nicht Abend, kann
sein, es passieren noch
große Dinge hier.
Realistisch ist das
doch nicht. Ist der Tag,
der mich verwirrt, warum?
Puh. Regen zieht schon
wieder auf

MEIN HAUSTIER

Mich des Abends würdig
zu erweisen, wechsele
ich Hose und Hemd, ziehe
feste Schuhe an und
winke vom Balkon
Richtung Süden, wo ich
einen Freund vermute.
Hin und wieder
winkt er zurück, nachts,
wenn ich schlafe oder
auf dem Boden mit meiner
Einsamkeit herumtolle, als
wär sie eine Katze, sagenhaft
verspielt

ICH BIN'S

Manchmal, wie in urferner
Zeit, hebe ich den Hörer
meines Festnetztelefons
ab. Verkündung
unfassbarer Nähe — als
wär's neunzehnhundert
sechsundsechzig, unter Strom
mein Ohr, in meinen Händen
das Gewicht der Welt

VATER

Sein Schweigen, gekerbt
in meine Stimme,
verwittert
nicht, mir scheint, geerbt
habe ich Vieles, sogar
die Art, wie ich den Bart
trimme und in Gesprächen,
die mich nicht
meinen,
mein Gesicht präsentiere, vergittert.
So wurde ich älter auf Verderb
und Gedeih und unaufhörlich
spreche ich mit dir – meine
Art zu weinen,
verzeih

GEHEN

Wir gingen, nebeneinander, hinter
uns malte die Sonne
heimlich
unsere Körper auf den
Asphalt, und wir gingen.
Gingen Stunde um
Stunde in der Obhut der
Dünen
und schließlich zur Promenade
im Atem der Flut. Wir gingen
und sahen uns an, und als wir
nach Hause zurückkehrten,
blieben an jedem begangenen
Ort
unsere Körper wie unsichtbare
Gemälde, beäugt von den
blinzelnden Wächtern, die seit
Jahrmillionen
Nacht um Nacht das Museum
des Meeres durchwandern

IM SPIEGEL

Ich bin ein gebrochener Mann.
Sie werfen mir viel Glück hinterher.
Ich dreh mich nicht um.
Schreien will ich, seit ich zehn war,
und bleib stumm. Vergehn Jahr
für Jahr, ich lernt's mit sieben.
Wollt den Tod verschieben,
blöde und verlacht vom Schweigen
am Grab. So hörte ich auf, mich zu verneigen
vor Gott. Und das Dunkel begann

DAS BIEST NEBENAN

(für Herbert Achternbusch)

Vor elend langer Zeit im Gasthaus
gleich beim Rathaus
saß ein Künstler vor der Wand, trank
und hörte den Getränken zu, wie sie
raunten, er möge voller Nachsicht
sein und nicht bloß voll, er hörte
weg, drei, vier Striche lang, dann
beschimpfte er das fünfte Glas, das
sechste spuckte zurück, und er schnapste
es weg, dieses träge, öde Bier, und
es kam keins mehr innerhalb der nächsten
neunundzwanzig Minuten. Vor elend
langer Zeit im Gasthaus gleich beim
Rathaus tunkte der Künstler sein
Schweigen in die Ewigkeit des einen
Augenblicks beim Lächeln der Bedienung
und sagte erst recht nichts, brummte
und murrte in Gegenwart des abwesenden
Biers in diesem plumpen Glas, welches
zwischen den Fingern der Kellnerin keinen
Deut an Anmut gewann, wie blöd ein Glas sein
kann, dachte der Dichter, Filme- und
Gemäldemacher und schnapste

sämtliche Stimmen im Kopf und rund um
seinen Kopf in einem Zug aus der
Welt, stand auf und ging,
und sein Gehen,
Herrschaften,
war beispielhaft jeden Meter im Tal, bis
vors Haus in der Burgstraße, in dem,
wie er, in einem Zimmer ohne Namen,
das Glück hauste, und genau heut
Nacht,
endlich,
unbarmherzig und
für immer
würd er es aus dem Schlaf
klingeln, dieses
störrische,
sich taub und blind stellende,
überheblich mit abgespreiztem
Finger am Schicksal nippende
Biest

WEISSES BRÄUHAUS,
ACHTZEHNVIERUNDZWANZIG

Es gibt keinen
Achternbusch
mehr, nur versoffene
Tische und
Gläser und
Bedienungen,
die Ausschau halten nach
einem, trunkener als
alle Tische
der Stadt und alle
Bedienungen,
Kellner, Chefs
und Scheinchefs und
Bierdeckel. Ja,
Bierdeckel haben
Räusche in
sich, das glaubt
keine Sau, kein
Preisträger papierener
Preise, die Wahrheit, ihr,
außerhalb solcher
Deckel, ist das
Lächeln der Luft, dies
nämlich sieht

der eine für immer
gegangene, von
Millionen nie
umgarnte
Achternbusch. Passt
alles so. Und grad
in dieser Sekunde, Weißes
Bräuhaus, achtzehn
vierundzwanzig, kommt
einer mit Mantel
und Hut
herein, gebeugt in der
Art des Stammgasts und
geht auch pfeilgrad
auf den langen Tisch
zu, nah der Küche, und hockt
sich da hin. Er lebt! Was
denn sonst, ihr durch die
Bank zirrhotischen
Bierdimpfl? Er säuft noch
immer euch alle so
was von untern
Tisch. Und die Stühle
springen aufeinander und
tanzen
vollkommen unaufgestuhlt
die Nacht durch, die nur

wegen Achternbusch
sich herablässt zum
Morgen, zu einem
ewig cellulitischen
Tag, mein Gott,
München, ach
München, hättst du
auch nur ein
einziges Stamperl
voll Ahnung

GDICHT OHN E

*(nach dem Film »Der Neger Erwin«
von Herbert Achternbusch)*

Andrs als dr Ltzt
Ngr im Gasthaus Ngr
Rwin hing Hrbrt
Achtrnbusch an kinr
Ktt. r dirigirt
Nilpfrd durchs
Obrland und Wltall bis
nach Spitzbrgn und widr
him an dn Starnbrgr
S in di Wirtstub vom
Fischmistr. Di andrn
sagt r bhandln ihn wi
inn hartn Stin r sich
slbr wi in rohs
i. Roh ir nämlich sind
dr Fortgang ds Lbns und dr
LIB. Achtrnbusch
sagt r mitten im Ngr rwin hab
Angst ghabt man könnt sin
ds ntlassnn Häftlings
Hrz vrhaftn. Schlißlich
spi das Nilpfrd

Mamba Anita
inn zhn Mtr langn
Ngr aus dr kam in di
Schun zum Trocknn odr
drglichn. Dr Ngr xistirt
nicht mhr obdachlos
gwordn strunn Hrbrt
und sin Annamirl im
Jnsits hrum dnn dr
Fortgang ds Lbns und dr
LIB muss gewährlistt
blibn mit und ohn
jglichn Ngr

THE SAX NEVER SUCKS

(für Friedl, Wolfi und die Saxophoniker des Glücks)

Und manchmal radelt Christos
vorbei, im Schlepptau
die Echos tausender
unsterblicher Songs auf
Vinyl, wie viel wir auch
trinken an Cocktails, Ouzo
und Bier, wir versinken
niemals in Abwesenheit, denn
hier, wo das Verweilen an
die Ewigkeit grenzt, und du,
Fremder, dich im Spiegel als
Stammgast erkennst – hier
mischen die Farben von Augen
und Haut sich zu einem
Gemälde aus Leben und
Welt, wir sind's, du und ihr
und ich, vom Bleiben
verschönt, zum
Bleiben bestellt, wenn der
Abend blaut und ein
wütender Tag sich mit sich
selbst versöhnt, wenn Isi,
schweigend, seinen gebetteten

Toten die letzte Ehre
erweist und das nächste
Glas, wer weiß, die
Auferstehung verheißt, oder
erst das vierte oder
siebte
Dies ist der Ort für
alle, die nicht fragen nach
Herkunft und Stand
Zukunft und Land
Dies ist der Ort für
Verliebte
ins Jetzt
Kein Tisch kein Stuhl für
Luftgäste besetzt
Hier blüht der
Stadt ihr Herz
Hier singt's, hier klingt's
in großer Terz

ZIMMER 214

Ich wohne in einem Zimmer aus
Zeitlosigkeit
Ich weiß, wann es Zeit
ist zu schlafen, doch
meine Träume waschen
die Stunden von mir, Minuten,
Monate und Sekunden, ich schlafe
in einem Bett aus
magischen Daunen

Ich lebe in einem Zimmer aus
Freizeitlichkeit
Am Fenster lerne ich
Staunen, ich winke

den wuseligen Menschen, geschäftig
fliehn sie vor ihren eignen
Sekunden, Jahren und
Stunden, ich möcht sie
bitten, einzuziehn bei mir, aber
sie rufen:

Keine Zeit!
Keine Zeit!

Bis zum Leben, so
scheint's, haben sie's
noch ewig weit

FLUX

Am Montag gab ich dem Donnerstag jede Menge
Zeit zum Aufbruch
Am Dienstag gab ich dem Donnerstag doppelt
Zeit zum Aufbruch
Am Mittwoch gab ich dem Donnerstag
Zeit zum Aufbruch
Heute wollte ich den Donnerstag
zur Rede stellen
Ich habe mich vertan, heute
ist schon Sonntag Übermorgen
werde ich gestern
dem Donnerstag jede Menge
Zeit zum Aufbruch
gegeben haben
Jede Menge
Jede Menge

WIR ALLE

Während die großen Dinge
geschehen, Pandemien,
Kriege, die
Geburt meines Neffen,
fröne ich, elf
Stockwerke über
der Nordsee, im Stillen
der Liebe, unten, winzig,
Zeugen unserer
kleinen Unsterblichkeit,
durchqueren für immer
Fremde den
Sturm, so erhaben,
so eins
mit dem Jahr, das
alle,
uns alle umschließt

GESELLSCHAFTSNOTIZ

Parallel zur erkauften
Demut meines Zimmers blökt
im Treppenhaus ein menschliches
Schaf, sein Name:
Frau Hossmann. Sie

hämmert ihre Meinung – eine
reicht ihr beileibe – in
die Luft und hält sie für
Gedanken – für eine Menge
von – Meinen ist heut wie
früher feiern auf offner
Straße, Frau Hossmann
die Maitress

de plaisir, Tausende
jubeln sie an, Tausende
im Universum, das sie
ausrief, als sie nicht
weiter wusste vor lauter
Unwissen, ihr IQ geringer
als der von Kartoffelstärke in
sehr dummen Kartoffeln

Aus ihrer Welt entfachen
Worte wie diese einen Sturm
Scheiße über mir, dann einfach
gut lüften im Zimmer, durch
dessen Tür Frau Hossmanns
Stimme blökt, sie gilt dem
Putzmann, der jeden Mittwoch
seine Pflicht erfüllt im
Treppenhaus, in ihren Augen
eine Sau. Er kümmert

sich nicht drum, er
schrubbt. Sie
hämmert. Als Beitrag
zum Gleichgewicht der
Kräfte bezahle ich, Monat
um Monat, mein
Zimmer fürs Demütigsein. Die
Inflation aber schont
keinen von uns

AUF DER INSEL

Wir trafen vier hessische
Touristen, sie tranken
Helbing,
wie wir, sie aßen
Pannfischfilets mit
Bratkartoffeln, wir
tranken nur. Jedes Mal,

wenn einer der Hessen, auf
dem Weg zum Tresen, unsern
Tisch passierte, nickte er
uns wissend zu, und wir
erhoben die Gläser und kippten
den Schnaps, bis zu dem

Moment, als der Mundschenk
sagte, Helbing sei
aus – da lachten die
Hessen an ihrem Tisch zu
uns rüber, und wir
lachten auch, so gut's

uns gelang. Am nächsten
Abend begrüßten wir uns
alle wie alte

Bekannte, der Kühlschrank
hinterm Tresen frisch
gefüllt, wir prosteten
einander zu, von Tisch zu
Tisch, dann nur

wir uns beiden
an unserm Ecktisch, der eine Welt
für sich war, für uns auf
der von flüchtigen
Gesichtern überfüllten
Insel

LESEN

Etwa alle vierzig
Sekunden stehe
ich auf vom

Tisch und gehe
quer durchs
Zimmer

Ein Gedicht war
zu Ende, und
bevor das

nächste beginnt,
will ich den
Echos huldigen

der fülligen Stille

IM EINKLANG

Jedes Mal,
wenn mir mein Alter
einfällt, die Zeit
insgesamt,

scharrt mein Herz
an einem winzigen
Schmerz

Als wär das
alles ein
zufälliger,
ungeheuer logischer
Reim

ELFJÄHRIGER, UNMASKIERT

Hasim ging als Russe. Er
trug eine Pelzmütze, ungut
riechend, und ein fusseliges
Stirnband in den Farben
blau-rot, Geschenk eines
Soldaten in seiner Heimat, kurz

vor der Flucht, Hasim hat's
heimlich eingesteckt, Mütze,
Stirnband, unterm Pulli, unterm
Anorak, im Autobus bis über
die Grenze und weiter bis
irgendwo in einem

Haus mit Leuten von fast
überall her auf der Welt.
Sieben war er, dann sausten
die Jahre über ihn hinweg, er
lernte sprechen mit neuen
Wörtern, Sprüchen und

Umlauten – lustige Buchstaben
mit Punkten oben drüber, seine
Eltern lobten ihn u-eberschwa-englich,
er wusste wohl, wie's richtig

hieß, aber u-eberschwa-englich
klang viel lustiger als das

Weinen der Mutter, das
Husten des Vaters, er hustete
nachts, hustete tags, eines
Morgens lag er still im Bett, Hände
gefaltet auf einem weißen
Laken, weiß wie das im Fenster

gegen die Bomben des
Diktators, damals, als Hasim
fragte: Warum erschießt
der Präsident seine eigenen
Kinder? Nicht mehr dran
denken, sagte seine Mutter

am Grab des Vaters und
weinte und weinte, und Hasim
wollte sie trösten und sagte: Schau,
die Sonne scheint
u-eberschwa-englich am
Himmel, aber die Mutter

weinte und hörte nicht auf, und
Hasim wünschte den Teufel zur
Sonne oder so, wie die

Deutschen so redeten. Im
nächsten Frühjahr – noch
immer erschoss daheim

der Präsident seine Kinder –
setzte Hasim die muffelnde
Mütze auf und holte das
Stirnband aus seinem Versteck
und sagte: Schau, ich geh
im Fasching als Russe. Seine Mutter

nahm ihn beiseite: Fasching fällt
aus, es ist Krieg wegen Russland, weiß
ich, sagte Hasim, der Präsident
erschießt seine eignen Kinder, wie
unserer immer noch, immer noch, aber
im letzten Jahr war Fasching, im

vorletzten auch und im vorvorletzten,
und die Kinder sind gestorben, und
Fasching war trotzdem, wieso dann
in diesem Jahr nicht? Da weinte
die Mutter und weinte und hatte
keine Worte mehr, in der alten

Sprache und auch nicht in
der neuen, keine Worte, keine

Worte. Hasim ging zum Fluss, warf
Mütze und Stirnband ins eisige
Wasser und wünschte den Teufel
zur Sonne, den Teufel zu den

Teufeln in den Palästen. Und nichts
passierte. Nichts. Ich mach was
falsch, dachte er auf dem Heimweg, ich
kapier das Deutschsein irgendwie null

WÖRTER. MENSCHEN. WÖRTER.

Ein Gedicht gegen
Krieg ist
nicht logischerweise ein
Gedicht für
Frieden, es
ist ein Gedicht aus
Wörtern, in denen jeder
einzelne Buchstabe in
der Obhut der anderen
ruht, während Menschen
unbewehrt,
unbehütet
sterben. Und die
Wörter, weinend,
ziehen weiter,
weiter bis zur nächsten
Logik der Blutvergießenden

ANKUNFT

Schwarze Kühe lümmeln auf
vorbeifliegenden Wiesen, Sonne
schält Schatten aus seltsamen
Früchten am Bahndamm, Himmel
unversehrt, Hauptbahnhof:
Kinder, Mütter, traumatisiert,
entronnen einer allzu nahen
Wirklichkeit, lauschen stumm der
hallenden Stimme, die ihre Sprache
spricht, als wäre die Halle
ein Zuhaus und kein Versteck, kein
Knast für rechtlos
Gerichtete

IM SOZIALEN NETZ

Ob ein Dichter stirbt, eine
Krankenschwester, ein Idiot,
ein Kind, eine Lehrerin,
ein Erfinder oder
Vagabund, ein ungenanntes
Wesen mit menschlichem Antlitz –

Niemand nimmt Abstand
vom Getu und seiner Meinung
übers Meinen und
Verdammen, niemand,

keiner und keine, kein
einziger so
genannter Mensch

ANTIGEDICHT

Räum die Wörter weg
und sieh
Räum die Wörter weg
und flieh
nicht vor dem Nichts
Das Nichts ist der
Spiegel deines Gedichts
Räum die Wörter weg
und sieh
die Braut ohne Beine
Eine Mine war's
Der Krieg war's
Räum die Wörter weg
und weine

AUS VERSEHEN

Niemand, der mich
ruft oder einen
Gruß schickt einfach
so. Anderswo ist das
Geschehen. Ich lebe aus
Versehen

ERZÄHLUNGEN

Anstatt wen
anzurufen oder
einfach
still zu sein, spreche
ich mit Amseln, teils
zerzausten Gesellen, Liebhaber
von Pinienkernen, die
ich auf dem Betonboden
des Balkons auslege, auch
Meisen kommen, aber
die hören nicht zu, picken
und sind weg. So
verbring ich einen Nachmittag
um den andern und hätt am
Wochenende viel
zu erzählen

SOMMERZEIT, EXTRALARGE

Noch klammert sich
das Grün an die
Sträucher, aber
der Regen schrubbt
eifrig, besoffner
Knecht des herrischen
Herbstes. Ich halte
mit Schauen
dagegen, auch nachts mit
extra phosphorisierenden
Blicken

ECHOS UND VELTLINER

*(In Erinnerung an Thomas Bernhard,
Friederike Mayröcker, Raimund Fellinger)*

Noch nicht, mein Herz, noch
gilt der Tag, noch dauert's,
wo wir sind, noch einen
Wimpernschlag. Einer, der wütet
aus überquellendem Herzen, alles
ist doch Liebe, was so
wütet. Und eine, die klagt
vor Vermissung und Weh, so
Vermissen ist doch immer
Liebe. Und einer, der mit dem
Bleistift Wörter durchs
Dunkel geleitet und keinem
versehrten und trotzigen,
strauchelnden und
zermürbten die Liebe
verwehrt. Schau: So begegnen alle
einander, die Wörter, der
Eine, die Eine, der
Dritte, und Wein steht
bereit, und die Zimmer
widerhallen von den
Gesängen des Dichters, der

Dichterin und ihres
Beschützers, auch er, heimlich
summend, stimmt ein in
den Wohllaut. Und noch
gilt der Tag, noch
dauert's, wo wir sind, die wir
ohne sie Wesen ohne
Obdach wären, verirrte
Zaungäste des Glücks

DAS GROSSE VERSÄUMEN

Sie kam
Sie ging
Ihr Bleiben
habe ich versäumt
Ich nahm
Sie gab
Die Liebe
habe ich geträumt

DAS GEDICHT

(Für Anton G. Leitner)

Dreißig Jahre später
und nah am
Verwehn fallen
die Blätter mit bejahender
Gebärde noch immer ins
schmächtig-mächtige Buch,
Verse zergehn
auf Zungen und Wörter, zu
Besuch aus den
Schlupfwinkeln der Erde,
singen und werden
gesungen, dem GEDICHT
zu Ehren, Weltlicht
zu vermehren

GIVE PEACE A CHANCE

Gräber bis zum Horizont, zerborstne Kreuze die
Inschrift des Himmels. Gottes
Vermächtnis das mumifizierte
Erbe der Ahnen, eurer, unsrer Ahnen

Populationen entmündigter Kinder,
euch, uns anvertraut von Anbeginn,
Armeen trampeln ihre Seelen tot, kein
Cantus ihnen zu Ehren, nichts als
eherne Stille

Ach Gott, bei vierundzwanzig Grad
Celsius bleiben nur Gebeine unterm
Hautkleid, genetische Fusseln.
Armselig grinst ein Engel,
nackt, nachts, der allerletzte vom
Chor gesteinigter Cherubim, er wollte so nicht
enden – und endet friedlos, auf unsern Befehl

SILVESTER

Der Himmel blaut
Mein Haar ergraut
Das Zimmer vertraut
Im Haus kein Laut
Der Schnee getaut
Im Gesträuch hat Gott
ein Nest für die Amseln gebaut
Das alte Jahr: durchschaut
Das neue: Raunen unter der Haut

VIERZEHN KIESEL

Vierzehn Kiesel blafften
heute meine Schuhe
an, die hatten ihnen nichts
getan
Die Kiesel aber maulten
weiter bis zum Haus, im
Erdgeschoss zog ich die
Schuhe aus, doch die Kiesel –

eingetrotzt in jeden
Sohlenschnitz – beschwerten
sich noch lang nach
Mitternacht übers Tänzeln

meines Schritts, wieso, sie
haben hopsend
mitgemacht

Solche Kiesel
Vierzehn Stiesel

EINE BITTE

Hebt mir was auf
vom Tag, von der
Nacht von mir aus
auch. Hebt mir
was auf für wenn ich
wiederkomm als
Dromedar für
immerdar

DIESE WÖRTER

Manchmal machen die Wörter
einen Bogen um mein
Schweigen, ich höre, wie sie
schleichen hinter mir
zur Tür und durchs
Schlüsselloch entfleuchen, als

wären sie auf der Flucht vor
einem Stift aus Gift

3
DU UND KEIN ANDERER

GEGENWART UND GRÖSSENWAHN

@herrgottich*
Wer sind die Anderen?
Wer sind die Bedürftigen?
Die dürfen und die
Der Erlaubnis bedürfen?
Wer sind die? Und von wo
Aus sprechen sie ins
Weltall und gehen den
Lauschern, Guillotonisten
Ins Netz? Wer sind die
Außerhalb unser aller
Ichs?

@herrgottich*
Wer, frage ich
Dich, ja dich, du bist
Doch da. Oder bin's
Bloß ich, gespiegelt im
Schirm, durch den ich alles,
Wirklich alles
Erkenne. Wer bist'n du, und
Wer erlaubt dir zu sprechen, zu
Guillotonieren? Bin das
Nicht ich? Ich bin's. Grüß
Dich

@*herrgottich**
Hau ab.
Ich sage: Waffen
Töten. Du:
Nein, befreien.
Ich sage:
Waffen töten. Du
Sagst: Verpiss
Dich, Pazifist.
Ich bleib.
Du bleibst.
Derweil killen
Waffen Affen
Wie mich. Nicht
Dich, du bist
Im Netz in
Sicherheit in
Ewigkeit

@*herrgottich**
Ich auch. Wurde nicht
Getötet. Höchstens
Genötigt, mich
Hinzustellen, Gesicht
Präsentieren wie'n
Gewehr, nicht
Mehr. Stelle mich

Im Sitzen den
Bellizisten, Pazifisten, der
Cis-Community auf
Hohem Ross, wir hüten
Unser Gehege mit
Wortwaffengewalt, keine
Bomben schlagen
Ein in unsern
Scheunen

@herrgottich*
Aufrecht
Alt, schickst du
Kinder, kaum ans Licht
Gelangt, zu geladenen
Zäunen, die bei Berührung
Explodieren. Du bist
Im Recht, der Kriegsminister
Befiehlt: ballern. Und er
Zielt nicht schlecht vom
Talkshowsessel aus, das Land
Erbebt von Knallern

@herrgottich*
Mütter
Flehen. Doch erstens: zu
Leis. Und zweitens: zu weit

Weg. Und, drittens, wer
Weiß, aus selbstischem
Zweck

*@herrgottich**
Hoffmann, Kriegsminister, sagte
Etwas in der Art: Für Tränen
Fehle die Zeit, Heulsusen ab
In den Keller, die Zeit
Verlange nach Munition
Und Vernichtung
Des Feinds, schneller als der
Einmal blinzelt

*@herrgottich**
Der Söhne
Funktion sei Sturm, so meint's
Der kecke Philister, jeder ein
Wurm, der jetzt winselt

*@herrgottich**
Flehen
Von Müttern nehme er auf
Seine Kappe, Hoffmann,
Kriegsminister

@herrgottich*
Etwas in der
Art versprach er
Der Luft, dem ausgeleuchteten
Sessel, worin er in Rage
Gericht hält über die seit jeher
Verdammten im Talkessel einer
X-beliebigen Schlacht, seine
Visage

@herrgottich*
Seine Visage?

@herrgottich*
Seine Visage ein
Blutmond

@herrgottich*
Blutmond?

@herrgottich*
Blutmond in
Der Nacht

@herrgottich*
Der grobschlächtige Herr
Hoffmann befehligt eine

Armee von Worten, Zahlen,
Gesten und Schweißperlen. In
Einer bayerischen Vorstadt
Lernte er lügen und was einer
Braucht für die Karriere
Unter Gleichgesinnten

*@herrgottich**
Herrn Hoffmanns
Ziel: Bewaffnung der
Welt mit bayerischem
Knowhow. Aus der Kirche
Ausgetreten, knetet er seither
Seinen eignen Erlöser, morden
Lässt er Andre, solche mit
Wendigen Fingern

*@herrgottich**
In Trögen, wie
Daheim
In Stalltach, karrt Hoffmann
Kanonenfutter an die
Front, unnützes
Stimmvieh

*@herrgottich**
Aus der

Ferne noch'n
Servus.

@herrgottich*
Das war's fürn
Hoffmann, der Berg
Ruft, der Gipfel, zu
Weiden seinen mit allen
Wassern gewaschenen
Zipfel

@herrgottich*
Die Wahrheit ist das alles
Nicht. Sind bloß Stumpen
Einer Wahrnehmung ohne
Geschmack und den Hauch
Echten Atems. Ausdünstungen
Sind's verranzter, von
Blödesten Träumen verscheuchter
Tagbeflecker

@herrgottich*
Von oben bis
Unten bespuckt
Vom Mond, der sich
Erbrach, als sein Blick auf
Die in blauem Licht ihre Griffel

Für sich denken lassenden
Allwissenden fiel,
Emporkömmlinge in der
Halbwelt eines nahbaren
Gottes

@herrgottich*
Berührte ihn, was
Fühlst du?

@herrgottich*
Wahrheit, nichts
Als Wahrheit!

@herrgottich*
Schlaf,
Tippser, schlaf, dein Schatten
Ist ein Schaf

@herrgottich*
Das mit der Wahrheit muss
Enden. Palmen
Real, gepostet:
Ko Kradan, Original
Wiener Schnitzel:
Thimphu Bhutan

@herrgottich*
Kindheit
Vergeudet in einem
Dorf namens Ried, verschwenden
Wir das Alter, real,
Unkopierbar, mit Knipsen
Highspeed, jedes Fitzel
Verifizierbar, so wahr, und
Drunter spezielles
Gekritzel, als bräucht's ein
Vademecum vom
Notar, das muss
Enden

@herrgottich*
Warum?

@herrgottich*
Lass los
Meine Hand
Ignorier
Meine Gier
Hör auf
Mir zu schmeicheln
Hör auf, meine Not
Mit Zeichen zu
Streicheln

Hör nicht auf
Das, was ich
Schreibe, ich bin
Das doch
Nicht

*@herrgottich**
Ich war der
In echt kein
Einziges Mal, bin ein
Phantom. Hatte
Keine Wahl, wie
Du, wir glaubten
An Sterne, Trillionen
Waren das Ziel, es
Blieben wie viel?

*@herrgottich**
Genug genug genug
Sieh den Raum, den wir
Bewohnen, sieh die
Augen, die uns allein
Meinen, hör den Beifall
Vierundzwanzig-sieben, dies
Und tausend Lieben sind
Uns geblieben

@herrgottich*
Kein Sternchen, ein
Glaukom ist's, durch
Welches die Welt auf
Uns scheint, auf uns
Allein, und wir
Weinen

@herrgottich*
Wir sind das
Siehst du das nicht?
Deines und mein Gesicht?
Siehst du uns nicht?

@herrgottich*
Narziss erkennt sich
Nicht mehr
Leer der See, der
Himmel ein
Fleckiges Linnen, und
Wir, nein, ich darf's sein,
Endlich endlich endlich
Vollends von Sinnen
Auf dem Totenbett erlischt
Das verlogene Licht
Auf dem Totenbett deckt
Niemand dich zu

Am Tor zum Tod verreckt
Das asoziale Metagericht.

ICH JACOBUS

    (nach Motiven des niederländischen Malers Jacobus Vrel)

I

In den Städten
meiner Reise
querten Frauen mit
weißen Hauben
meinen Schatten. Hohe
Häuser, Backstein, Giebel,
wachten mit Ziegelmienen
übers gestenlose Raunen. Im
Beischlag schwiegen
manchmal spitze Kapuzen
tragende Mönche, oder ein
rotbemützter Bäcker lugte
streng aus einem Fenster. Ich
winkte und blieb unbemerkt

II

Selten ließ der Himmel
sich herab aufs
Kopfsteinpflaster, in den
Gassen glänzten
Messingschalen hie und
da an queren Balken überm

Eingang zum Barbier, an
der Wand ein weißes
Kreuz, vielleicht zum
Schutz vor Unheil oder,
unverwittert, Signum aus
der Pestzeit. Mich hungerte
arg, und ein Bäcker
schenkte mir einen
Kanten, ich kaute
lange daran, kauernd hinter
einer steinernen Bank

III

Graue Männer, den dünnen
Stock über der Schulter, Hut
mit breiter Krempe, gingen
einzeln oder zu zweit und
wandten sich bei meinem
Anblick ab, kein einziges
Mal fiel etwas Licht auf
ihre Gesichter, bei den
Frauen, die Haube im Nacken
verknotet, dieselbe strenge
Abwesenheit, als drängte
ich ein in intimstes
Geschehen, grüßen wollte
ich, weiter nichts, mich

zeigen, aber alle kehrten
mir den Rücken, ihre
Schritte verschlang ringsum
das Gestein, und ich blieb mit
meinem Schauen allein

IV

Auf der Bühne einer ungenannten
Stadt: Hühner picken in
verstreutem Stroh, eine Frau
(Beutel unterm Arm,
Haubendutt) betrachtet,
abgewandt, Brote im
offenen Laden, eine andere
(Haube, rotes
Blouson) oder ein Kind
(Haube, rotes Blouson) lehnt
an einem Fass und liest
was oder tut nur
so, ein Herr mit Hut (breite
Krempe), Halstuch (weiß),
Mantel (grau), Gehstock, folgt
zwei weiblichen Gestalten (grünes
Kopftuch, weiße Haube,
Halstuch) oder geht aus
Zufall vor der Bäckerei und
dem Tuchgeschäft, niemand

spricht. Aus dem zweiten
Stock blickt ein Mann mit
Mütze müd hinab
zum wohl vertrauten
Treiben. Auf den
Dächerrändern gleich
ums Eck fällt noch
Licht der unsichtbaren
Sonne, doch als ich
hinkam, huschte grad
der letzte Schatten in
ein Dunkelhaus

V

Vermutlich sprachen sie noch
kurz zuvor. Ich trat
näher, und Stille sickerte
aus dem Mauerwerk. Die
Frau (Hände geschützt im
Strickmuff) an der
Klöntür und die andere
auf dem Gehweg (einen
leeren Bastkorb tragend)
sahen sich schweigend
in die Augen, als müsste
das Gesagte erst Halt im
Herzen finden. Ich wollte

nicht stören und hieß
meine Schritte das
Pflaster schonen

VI

Von draußen fällt's
Unlicht herein, mein
Bruder staunt zum
elften Mal an diesem
trägen Tag über die
verwaiste Welt vorm
offnen Fenster, kein
Schritt, kein Tschilpen
eines sich balgenden
Vogels, und Mutter
kramt in der
Tischschublade ohne
Unterlass, und was sie
findet, versteckt sie
geschwind unterm
Kleid, niemand beachtet
mich in meinem hohen
Versteck, verschmolzen
mit dem schwärzesten
Schwarz, das dieses Zimmer
je gesehen, so geboren,
so geborgen

VII

Immer steht offen ein
Flügel der turmhohen
Fenster, und ich wünschte,
jemand sänge oder riefe nach
mir, so aber füllt die verzagte
Stimme meiner Amme unser
abgeschiednes Heim, und ich
beuge mich vor ihr und bette
meine Wange in ihren
Schoß, zu lauschen, was
sie liest, und den Rücken
des grauen Mannes mit dem
schwarzen Hut nicht sehen
zu müssen, wer er ist, will
ich nicht wissen, ein Fremder
wie ein vor meiner Geburt
verschollener Vater

VIII

Da lag sie still, gebettet
auf zwei Kissen, im schweren
Blick das Neugeborene
im Korb, gewärmt von
einer Decke weiß wie die
Hauben der Frauen, eine

wachte stehend am
Fußende, die andere
putzend oder etwas vom
Boden aufhebend, ich war
noch zu klein, viel zu
klein, und als ich sprechen
lernte und fragte nach
Mutter, da weinten die
Frauen und hörten
nimmer auf

IX

Einmal hätte ich zu gern
gespielt, stand Stund um
Stund und schaute von der
Klöntür raus aufs
Gässchen, ach, niemand
hielt mich auf, ich stand da
wie gemauert, reisefertig
mit dem Hut, und Licht
floss noch genügend
übers Kopfsteinpflaster, nur
ein Schritt, und etwas
wär passiert, doch ich? Im
weiß getünchten Zimmer
kämmte eine Frau des Mädchens
goldnes Haar, Tag um

Tag, ein Spiel, das beide
inniglich verband, und
ich? Blieb verzagt,
gefügt in unser aller
alten Frieden

X

Im Korridor, Speicher
für Schatten, legte der Junge
eine Hand neben die
andere, die Wand
entlang bis zum
Ende und wieder
zurück, keine Tür, kein
Schlupfloch. Er fürchtete
sich sehr, Gebete fielen
ihm nicht ein, lieber
schonte er seine
Erinnerung für die
Hand der Frau hinter
Glas, dann hielt er
seine hoch an die
Scheibe im Finstern und
bemerkte, jedes Mal von
neuem, den Riss
im Glas und sog einen
eigentümlichen Geruch

in die Nase, wie nach
Kuchen oder Früchten, zu
lang allein, um solch
Unterschiede zu deuten, die Hand
der Frau und ihre weiße
Haube alles Licht für diesen
einen Augenblick. Bleiben
war mir nicht vergönnt, und ich
wusste doch, sie wär wieder
da auf meiner Reise vorüber
an ungeheuren Zimmern, wo
Frauen leiden, lesen, stricken,
kochen, waschen, träumen
vorm Kamin, ummantelt
von Stille, selig in
Genügsamkeit. Mich aber
treibt die Erkundung der
Kindheit um, als ich klein
war, fehlte mir die Zeit, eines
Vaters Weisung, einer Mutter
gütige Geduld, eines Bruders
Übermut, das Grab, das ich
seither bewohne, gab mir
alle Zeit zurück, und
manchmal, wisst ihr, ahne
ich Sternenstaub glitzrig,
doch blicke ich nach

oben ... Jacobus heiß ich, sucht
nicht nach mir wie nach
Ringen von Bäumen, der Eine
im schwärzesten Schwarz,
erinnert ihr euch, sei
mein Biograf

GOLDEGG-VARIATIONEN

Fragment

Kämst du zur Beichte
nach Goldegg, du träfst
auf geschichtete, modernde
Sünden
in verheimlichten
Kartons. Kämst du
zur Beichte
nach Goldegg am

Morgen deiner unerträglichsten
Pein, keiner horchte auf
dich, keiner im ungelüfteten
Winkel von St. Georg, du
weißt doch: Gestorben

erst wartet angeblich
allmächtiges
Lieben auf dich

...

Kam nach Goldegg zum
Bereuen mein lumpiges
Streunen, mein Schlittern

auf schneeigen Herzen, die ohne
mich ihr
Blühen
nie verlernt,
verleugnet
hätten und aus purem
Sommer alterslos
geblieben wären, ach
Gott, ich kam nach

Goldegg zum Schürfen
vergrabener
Wunden, unter
Papieren gebunkerter
Stunden, schiefmäulig und
gekleidet in
Schwarz, der Farbe
seelenloser Schwäne

Des Zauberns müde kam ich
nach Goldegg, abzulassen von
allem Angehäuften, den Fundamenten
meiner abgewohnten Tage, kam, zu
erbitten den Zauber eines zeitlosen
Zimmers, gebenedeit von den
dienenden Glocken St. Georgs

Genug des Betrugs, des
Beischlafdiebstahls in Gedanken
Jahrzehntelang, gestapelt
Nähe auf Nähe im
muffigen Kabuff
hinterm Herzen, kam

nach Goldegg, das Herz
entstauben, Laub zu
kehren, während
Unwetter die Nacht
entwurzeln

Strafe mich, schrei ich, strafe
nicht mein Verlangen, strafe den
feigen Verbrecher an deinem,
Herr,
unnachahmlichen Willen,
schlotterte vor
Schuld und tat doch nichts
als Schnuppern an
Fingerkuppen im Dunkeln

…

Regen prasselt
Goldegg unter Donner
Als schlügen Kometen

ein in mir und aus mir
brächen Fluten stumpf
gefrorener Tränen

Ich weine, weil ich
büßen möcht und niemand mir
mein Schreien
aus der Stimme schöpft

...

Lang her, seit ich zum letzten
Mal gestorben bin, auf jene
Art, die mir vom ersten
Augenblick entsprach, vergrub
mich in der Asche meiner
ausgebrannten Wut, kindischer
Heiland, selbstgefälliges
Lamm, seht das Opfer, beugt
das Haupt, bereut, ihr
Heuchler, bereut

Weint nicht,
ihr Wesen, es dauert, das
geliehne Leben,
eine Nacht, eine
winzige Nacht, und alles
alles ist

vergeben, weint
nicht, ihr Wesen, nicht
weinen, eine
Nacht nur. Bis wir
von neuem
uns
vereinen

Derart geschult erreichte
ich mein fünfzigstes Jahr, das
sechzigste flugs, trampelte
Zeit in Morast, als
gäbs eine zweite
zum Geburtstag
geschenkt

…

Kam nach Goldegg, weil
niemand mich schickte, wie
ein hinkender Hund folgte
mein Schatten mir die Stufen
hinauf ins glockenhelle
Zimmer, wo wir, mein Schatten
und ich, uns bekreuzigten und
begriffen nicht, wieso, und
taten's drei Mal

Später schrieb ich, im Schutz
blauer Wände, Wörter
hin, der Wörter wegen
war ich nach Goldegg
gepilgert, und nun,
geduldet von Göttinnen,
Göttern, Wächter namhafter
Welten, versanden
die meinen im
ewigen Weiß, was mir
bleibt, sind eine Handvoll
verbogener Buchstaben und
ein leeres Wasserglas, und nachts

Nachts winkt
kein einziger
Stern
Wem denn auch?

...

Gemeintes
Geweintes
Rückstände
von Licht
Versagtes
Verzagtes
Schreib

Bleib
Traust du
dich nicht

Sie bieten dir
Bühnen in
Goldegg Zeig
dein Gesicht
Verzicht lohnt
hier nicht

Wer ist das
da vorn
auf den Knien

Bin ich das und
wird mir verziehn

Zerrieben fast zwischen
Wort und Wort
erfand ich ein
Drittes, Wörter, die wie
Worte klangen aus geschlossnen
Lippen, ich zeigte sie
her und

Und früh scharten sich
Hörer um mich, scheue
Sammlerinnen seltner
Silben, die ich unterwegs
verlor aus Versehen oder
Unwissenheit

Ahnend gelangen mir, hin
und wieder, wissende
Verse, ich lernte zu
hausieren, meine Stimme
zu kleiden in
mollige Töne

Mein heiliges Tun
Mein eiliges Treiben
Ruhn lernte ich nie
Bleiben gleich Aphasie

Kam nach Goldegg, mein
schäbiges Spiel zu
vergessen, zu verdammen
mein ganzes Gewerk, stattdessen

...

So bleiern die Ankunft
So plötzlich das Feiern

Gewitter und Sturm
Übermut des Regenwurms
Tummeln des Weißlings in
vollendetem Grün
Aus Hortensien quillt
Stille im Mittagsglühn

Hörst du
denn nicht. Diese
Stille. Du bist

gemeint
Du und kein
Anderer

Du, der endlich
endlich
ausruhende
anwesende
mit entblößter Stimme
in geschenktem Schweigen
verweilende

Wanderer

…

INHALT

1 STIFT 9

2 DAS BIEST NEBENAN

Stadtcafé 103
Der Überlebende 105
Friedhof, Kochel am See 107
Untertags 108
Nachdem Lili Stummvoll ihre Katzen
von der Brücke geworfen hat 109
Im Winter 110
Mordversuch 111
Rätsel über Rätsel 112
Langes Leben 113
Nach dem Verlust 114
Roboter 116
Heute 118
Das Jahr nach F. 119
Bis zum Rand 121
Ein Abend 122
Meine Generation 123
Pastorale 125
Zwei Gedichte 126
Wie üblich 127
Den Schreibenden 129

Meinem Kind 130
Jetzt 131
Für einander 132
Tiergetu 133
Bestimmung 134
Autobiografie 135
Große Dinge 137
Mein Haustier 138
Ich bin's 139
Vater 140
Gehen 141
Im Spiegel 142
Das Biest nebenan 143
Weißes Bräuhaus, achtzehnvierundzwanzig 145
Gdicht ohn e 148
The Sax Never Sucks 150
Zimmer 214 152
Flux 154
Wir alle 155
Gesellschaftsnotiz 156
Auf der Insel 158
Lesen 160
Im Einklang 161
Elfjähriger, unmaskiert 162
Wörter. Menschen. Wörter. 166
Ankunft 167
Im sozialen Netz 168

Antigedicht 169
Aus Versehen 170
Erzählungen 171
Sommerzeit, extralarge 172
Echos und Veltliner 173
Das große Versäumen 175
Das Gedicht 176
Give Peace A Chance 177
Silvester 178
Vierzehn Kiesel 179
Eine Bitte 180
Diese Wörter 181

3 DU UND KEIN ANDERER

Gegenwart und Größenwahn 185
Ich Jacobus 197
Goldegg-Variationen 207

Friedrich Ani
Im Zimmer meines Vaters
Gedichte
st 4799. 131 Seiten
(978-3-518-46799-2)
Auch als eBook erhältlich

»Musikalisch und melancholisch-schön.«
Andrea Gerk, Deutschlandfunk Kultur

Den »Gelegenheitsgedichten« verdankt die Lyrik viele Evergreens. Bei Friedrich Ani ergeben solche Gedichte bewusst aufgreifend musikalisch-worthafte Kompositionen, wenn man die Gelegenheit als aktuelle politisch-individuelle Situation versteht, auf die es unmittelbar zu reagieren gilt, sich und das Gegenüber in seiner ganzen Verletzlichkeit zeigt. Ganz unterschiedliche Formen finden diese realistisch-spontanen Klänge: vom gereimten Kurzgedicht über das Prosagedicht bis zum umfangreichen Zyklus.

suhrkamp taschenbuch

Weitere Informationen erhalten Sie unter www.suhrkamp.de
oder in Ihrer Buchhandlung.

Friedrich Ani
Die Raben von Ninive
Balladen
st 5067. 172 Seiten
(978-3-518-47067-1)
Auch als eBook erhältlich

»Ein schmaler Band, der aber schweres Gewicht hat.«
Neue Presse

Es gelingt Ani in dem populären Genre der Ballade, die aktuellen politischen Ängste teils zu bestärken, teils zurückzuweisen, teils zu bekämpfen. Balladen sind für ihn eine Kunstform, in der er politisch werden kann, ohne sich agitatorisch zu verhalten. Politisch kann er jedoch nur werden, wenn er die privatesten Umstände seiner Existenz beleuchtet und enthüllt.
In ihrer Verschränktheit von Öffentlichkeit und Privatheit belegen diese Gedichte die Gegenwärtigkeit von Balladendichtung und zugleich Friedrich Anis poetische Kunst.

suhrkamp taschenbuch

Weitere Informationen erhalten Sie unter www.suhrkamp.de
oder in Ihrer Buchhandlung.